\動画と写真で基本がわかる/
かぎ針編みのモチーフ小物 CONTENTS

PART 1
\動画でわかる！/ **モチーフ編みレッスン** ……7

モチーフ編みを始める前に…4
配色の楽しみ方 …………68
編み目記号表 …………140

Lesson 1 丸いモチーフを編む
    no. 01 丸形コースター ……8 　作り方▶P.9

Lesson 2 四角いモチーフを編む
    no. 02 四角形コースター ‥16 　作り方▶P.17

Lesson 3 モチーフをつなぐ …………22

PART 2
\たくさん編みたい！/ **モチーフ編みの小物** ……29

no. 03 スクエア型のミニ巾着 ……30
　作り方▶P.80

no. 04 秋色のトートバッグ ………31
　作り方▶P.70

no. 05 春色のトートバッグ ………32
　作り方▶P.72

no. 06 ミニマット ………………34
　作り方▶P.76

no. 07 ハンドウォーマー ………35
　作り方▶P.78

no. 08 まんまるがま口 …………36
　作り方▶P.81

no. 09 六角グラニーバッグ ………37
　作り方▶P.82

no. 10 カラフルスマホショルダー‥38
　作り方▶P.84

no. 11 X模様のスマホショルダー ‥39
　作り方▶P.86

no. 12 マンダラ模様の巾着 ………40
　作り方▶P.88

no. 13 ビスチェ ……………………42
　作り方▶P.92

no. 14 2色のネックウォーマー ‥43
　作り方▶P.91

no. 15 3色のネックウォーマー ‥43
　作り方▶P.91

no. 16 ヘアバンド ………………44
　作り方▶P.94

no. 17 ルームシューズ 大人用 ……45
　作り方▶P.96

no. 18 ルームシューズ 子ども用 ‥45
　作り方▶P.96

no. 19 小花のミニマフラー ………46
　作り方▶P.95

no. 20 ふんわりスヌード ………46
　作り方▶P.98

no.	項目	ページ
21	花モチーフのヘアピン、ヘアゴム、コサージュ	48
	作り方▶P.100	
22	バラモチーフのヘアピン、ヘアゴム	48
	作り方▶P.101	
23	小花のピアス	48
	作り方▶P.102	
24	レース風つけ襟	50
	作り方▶P.102	
25	バラクラバ	51
	作り方▶P.104	
26	おそろいニット帽 大人用	52
	作り方▶P.106	
27	おそろいニット帽 子ども用	52
	作り方▶P.106	
28	おそろいマフラー	53
	作り方▶P.108	
29	大人ハット	54
	作り方▶P.110	
30	子どもハット	55
	作り方▶P.112	
31	ベビーボンネット	56
	作り方▶P.114	
32	子どもポンチョ	56
	作り方▶P.116	
33	三角ガーランド	59
	作り方▶P.109	
34	パッチワーク風クッション	58
	作り方▶P.118	
35	丸モチーフののれん	59
	作り方▶P.120	
36	丸モチーフのミニマット	59
	作り方▶P.122	
37	ひざかけ	60
	作り方▶P.126	
38	ポットマット	61
	作り方▶P.125	
39	ビーズのピンクッション	61
	作り方▶P.123	
40	フラワークッション	62
	作り方▶P.128	
41	フラワーポーチ	63
	作り方▶P.130	
42	プラントハンガー	64
	作り方▶P.132	
43	お花の座布団	65
	作り方▶P.134	
44	マンダラ風座布団	65
	作り方▶P.138	
45	ティッシュカバー	66
	作り方▶P.136	

チャレンジアイテム
カラフル三角ショール … 67
作り方▶P.139

動画解説 PART1のモチーフ編みレッスンのページでは、LiLi nana*さん解説の動画があります。
動画マークのあるものは下記URLまたはQRコードから動画を見られます。
https://www.seitosha.co.jp/motifkomono24.html

モチーフ編みを始める前に

かぎ針編みを始める前に、覚えておきたい道具のことや糸と針の持ち方などを紹介します。

必要な道具 かぎ針をはじめ、揃えておくと便利な道具です。

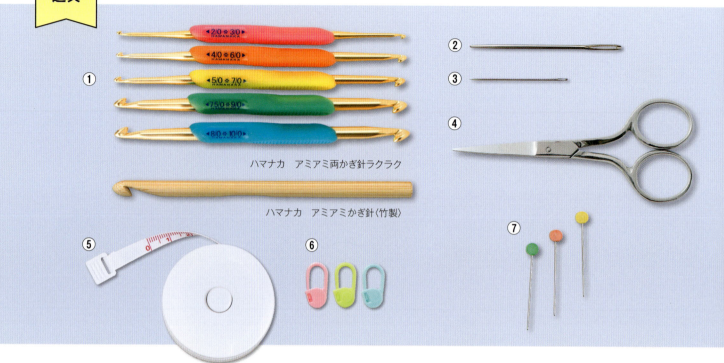

ハマナカ　アミアミ両かぎ針ラクラク

ハマナカ　アミアミかぎ針〈竹製〉

①かぎ針
先端がかぎ状になった針。サイズは2/0号から10/0号まであり、号数が大きくなるほど針が太くなる。10/0号以上はmmで表記される。

②毛糸とじ針
糸端の始末や編み地をとじ合わせる際に使用。糸が割れにくいよう、針先が丸くなっている。

③縫い針
ファスナーやスナップボタンなどをつける際に使用。通常の洋裁用の針でOK。

④ハサミ
糸を切る際に使用。刃先が細くてよく切れる、手芸用のハサミがおすすめ。

⑤メジャー
編み地の長さなどを測る際に使用。

⑥段数マーカー
編み目の目印に使用。外れにくいクリップタイプがおすすめ。

⑦まち針
編み地同士を合わせたり、編み地に打ってスチームアイロンをかける際に使用。

仕上げはスチームアイロンで

編み終わったモチーフは、スチームアイロンをかけて形や編み目を整えましょう。モチーフをアイロン台にのせ、形を整えてまち針を打ったら編み地から少し浮かせてスチームをあてます。表面が冷めるまでそのままにしておきます。

※熱に弱い糸もあるので、使用した糸のラベル（P.5参照）をチェックしましょう。

糸について

糸の情報が書かれたラベルは、色や適合針、お手入れ方法など必要な情報が満載。編み終わるまでなくさないように。

- 糸の色を示す番号と、糸を染めた釜を表す記号番号。同じ色番号でもロットが違うと微妙に色が異なる場合がある。
- 秋冬向きのウールやアクリル、春夏向きのコットンなどさまざまな素材がある。
- この糸を編むのに適した針の号数(サイズ)を表示。
- 1玉分の重さと長さ。
- 洗濯の注意点や取り扱い方法など。
- 参考使用針で編んだときに、10cm角の大きさに入る標準的な目数と段数。

糸の出し方

糸玉の内側中央から糸端を取り出します。

2本どり

1玉の場合、内側中央の糸端と、外側の糸端を合わせ、糸2本を揃えて(引き揃え)1本として使用します。2玉の場合はそれぞれ内側から糸端を取り出して揃えます。

糸と針の持ち方

糸のかけ方

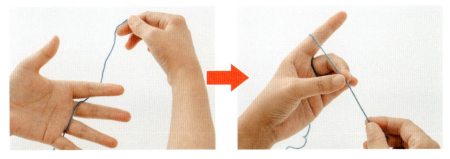

左手の小指と薬指の間に糸端をはさみ、そのまま人差し指の裏から上にかけ、親指と中指ではさむ。

針の持ち方

針は右手の親指と人差し指で持ち、中指を軽く添える。グリップの先端部分を持つと編みやすい。

編み図の見方

モチーフは基本的には表側を見ながら、中心から左方向に1段ずつ編みます。
図に書かれた数字が段数になります。

モチーフの編み図

- モチーフの大きさ：9cm
- ここで糸をつける　色が変わる
- ここで糸を切る
- 段数
- 立ち上がりのくさり
- 編み始め（わの作り目）

この作品で使う編み目記号

編み方がわからない記号があったら、P.140〜143の表で確認しましょう。

- ▲ = 糸を切る
- △ = 糸をつける
- ○ = くさり編み
- ● = 引き抜き編み
- × = こま編み
- T = 中長編み
- ╪ = 長編み
- V = 長編み2目編み入れる
- W = 長編み3目編み入れる

配色

段数	色
5	ライラック
3・4	ライトグレー
1・2	グリーン

配色を示す段数表

2枚め以降、最終段で隣り合うモチーフに引き抜き編みでつなぐ先

こま編みつなぎの場合

モチーフとモチーフの間に別の色で示された編み目記号は、モチーフのつなぎ方です。P.104のバラクラバの場合は、「モチーフのつなぎ方」で指定されている順番にこま編みでモチーフ同士を編みつなぎます。

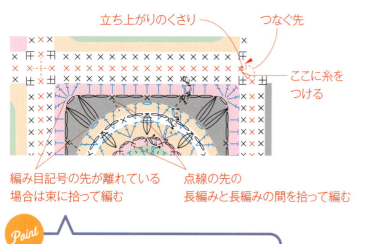

- 立ち上がりのくさり
- つなぐ先
- ここに糸をつける
- 編み目記号の先が離れている場合は束に拾って編む
- 点線の先の長編みと長編みの間を拾って編む

Point 巻きかがりでつなぐ場合は編み図に記号は記載しません。各作品「編み方」でモチーフのつなぎ方もチェックしましょう。

モチーフの最終段でつなぐ場合

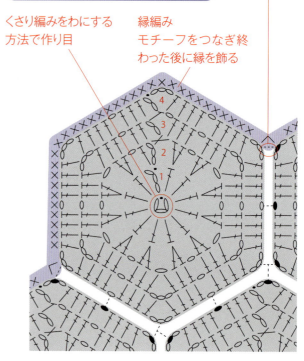

- くさり編みをわにする方法で作り目
- 縁編み　モチーフをつなぎ終わった後に縁を飾る

モチーフのつなぎ方はP.22〜28でくわしく解説しています。

PART 1

＼動画でわかる！／
モチーフ編みレッスン

コースターを編みながら、
かぎ針編み、モチーフ編みの基本を身につけましょう。
動画と写真でくわしく解説しているので、
はじめてでも迷いなく進められます。
モチーフをつなぐ方法6パターンも紹介しています。

Lesson 1　丸いモチーフを編む

たくさんのバリエーションがあるモチーフ編み。
ここでは1枚編めばコースターになる基本の丸形を編みながら、
糸の色変えや糸始末なども身につけましょう。

動画でわかる！

no. 01 丸形コースター

くさり編み、こま編み、長編みの編み方をベースに編む丸形のモチーフ。最終段はフリルのようにかわいくアレンジしています。

Design　LiLi nana*

[糸]ハマナカ アメリー（40g玉巻） 　　　　　　[針]かぎ針5/0号
　A：オートミール（40）8g
　B：ベージュ（21）5g、セラドン（37）5g
　C：コーンイエロー（31）5g、オートミール（40）5g、
　　 ナチュラルホワイト（20）3g

PART1 モチーフ編みレッスン
Lesson1 丸いモチーフを編む

A

10cm

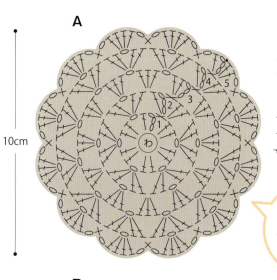

◿ ＝糸をつける
◢ ＝糸を切る

◯ ＝くさり編み
● ＝引き抜き編み
✕ ＝こま編み
┬ ＝長編み
V ＝長編み2目編み入れる
W ＝長編み3目編み入れる
W ＝長編み4目編み入れる

まずは
1色で練習！

B

10cm

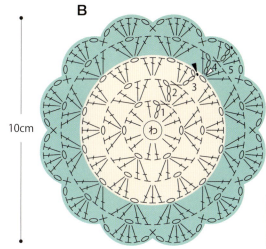

B、Cとも基本は
Aと同じですが、
色が変わる手前の
段の編み終わりが
違います

段数	配色
4・5	セラドン
1～3	ベージュ

C

10cm

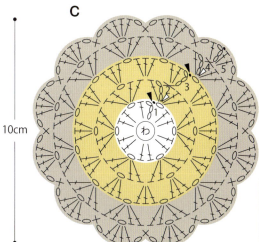

配色で
雰囲気が
こんなに
変わります

段数	配色
4・5	オートミール
2・3	コーンイエロー
1	ナチュラルホワイト

P.10へ続く

わの作り目 ※Cの編み図を糸の色を変えて編んでいます。

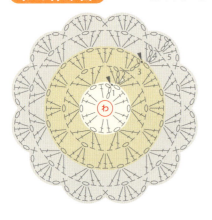

1 左手の人差し指に糸端を2回巻き、二重のわを作る。

2 わが崩れないようにそっと指から糸を外し、左手の親指と中指で押さえる。

3 わの中に針を入れる。

4 針に糸をかけ、引き出す。

1段め

くさり編み ○

5 針に糸をかけ、引き抜く。

6 「くさり編み」が1目編めたところ。

7 5を2回くり返し、くさり編みを合計3目編む。これが「立ち上がりのくさり」。

Point
「立ち上がり」とは段の始めに編むくさり編みのこと。次に編む長編みはくさり編み3目分の高さがあるので、くさり編み3目で高さを合わせます。

長編み T

8 針に糸をかけ、わの中に針を入れる。

9 糸をかけ、矢印のように引き出す。

10　糸を引き出すと、針に3ループかかる。

11　針に糸をかけ、矢印のように2ループだけ引き出す。

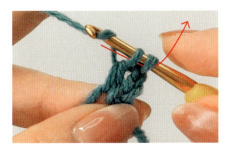

12　もう一度糸をかけ、2ループを一度に引き抜く。

13　「長編み」が編めたところ。

14　くさり編みを1目、長編みを2目編む。

わを引き締める

15　14をあと4回くり返す。

16　針を少し引き、編み目が解けないように目を大きくしてから針を一旦外す。

17　糸端と同じところから出ている**糸A**を確認する。

18　**糸A**の糸端側を引き、わを引き締める。

19　糸端を引き、**糸A**を引き締める。

20　糸を引いて動く方が針の手前にくるように針を戻す。

引き抜き編み

Point 1目めの頭がわかりにくい場合は、まず2目めの長編みを特定します。上側にくさり編みのように連なっている2本が「頭」、その下にある柱状のものが「足」。この頭の右となりに針を入れましょう。

21 くさり編みを1目編み、1目めの頭(立ち上がりのくさり3目め)に針を入れる。(**A、B**のモチーフは下の **a〜d** 参照)

22 糸をかけ、2ループを一度に引き抜く。

23 糸端を約20cm残してカットし、針を引いて糸を引き抜く。

A、B(糸を変えない場合) こま編み ✕

a 1目めの頭(立ち上がりのくさり3目め)に針を入れる。

b 糸をかけて引き出すと、針に2ループかかる。

c もう一度糸をかけ、2ループを一度に引き抜く。

d 「こま編み」を編み、1段めができたところ。**26**に続く。

2段め

束に拾う

24 前段の最後に編んだくさり編みを束に拾う。

Point くさり編みの目を割って編み入れるのではなく、くさり編みごと拾って編むことを「束に拾う」といいます。

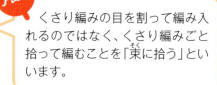

25 新しい糸を用意し、編み地の後ろにつける。糸をかけ、矢印のように引き出す。

26 立ち上がりのくさり3目を編む。

27 立ち上がりのくさり編み3目を編み入れた同じくさりを束に拾って長編みを編む。

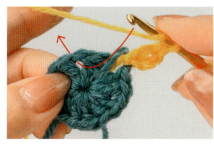

28 前段のくさり編みを束に拾って長編みを2目、くさり編み1目、長編み2目を編む。

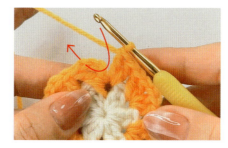

29 28をあと4回くり返し、27と同じ位置に長編みを2目編み、最後は1目めの頭(立ち上がりのくさり3目め)に針を入れ、こま編みを編む。

30 こま編みでつなぎ、2段めが編めたところ。

Point

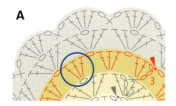
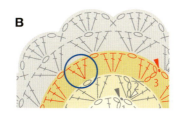

「長編みを3目編み入れる」の記号で長編みの足が離れているAの場合、前段のくさり編みを束に拾って長編みを編みます。Bのように長編みの足がつながっている場合は、前段のくさり編みの目を割って同じ目に長編みを3目編みます。☆☆なども同様です。

3段め

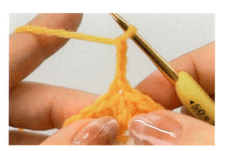

31 立ち上がりのくさり3目を編む。

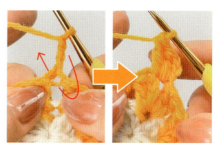

32 前段のこま編みを束に拾って長編みを2目編む。

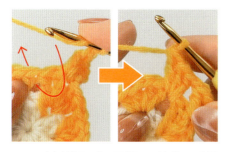

33 くさり編みを1目編み、前段の長編みと長編みの間または、くさり編みを束に拾って長編みを3目編む。これをくり返す。

34 くさり編みを1目編み、最後は1目めの頭(立ち上がりのくさり3目め)に針を入れ、2ループを一度に引き抜く。23と同様に糸をカットする。

Point

A(糸を変えない場合)は、P.12の**a**〜**d**と同様にこま編みでつなぎます。

PART1 モチーフ編みレッスン | Lesson 1 丸いモチーフを編む

P.14へ続く

4段め

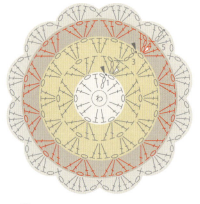

35 25、26と同様に糸をつけ、立ち上がりのくさり3目を編む。

36 35と同じくさりを束に拾って長編みを編む。

37 前段のくさり編みを束に拾い、長編み2目、くさり1目、長編み2目をくり返す。

38 最後は35と同じ位置に長編みを2目編み、1目めの頭（立ち上がりのくさり3目め）に針を入れ、こま編みを編む。

39 4段めが編めたところ。

5段め

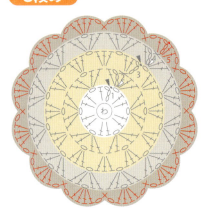

40 立ち上がりのくさり3目を編み、前段のこま編みを束に拾って長編みを編む。

41 くさり編みを1目編む。

42 前段の長編みと長編みの間を束に拾ってこま編みを編む。

43 くさり編みを1目編み、前段の長編み2目と長編み2目の間を束に拾って長編み4目編み入れる。

編み地を少し引っ張ると、針を入れる位置がわかります。

🟠 糸始末

44 41〜43をくり返し、最後は40と同じ位置に長編みを2目編み、1目めの頭(立ち上がりのくさり3目め)に針を入れる。

45 引き抜き編みを編む。

46 糸端を約20cm残してカットし、針を引いて糸を引き抜く。

47 糸端をとじ針に通し、引き抜いた目に針を入れる。

48 裏側に引き出して編み地を裏に返し、編み地の糸を2〜3cm程度すくって針を入れる。このとき糸を引きすぎないように注意。

49 編み地の糸を1本とばし、反対方向に戻って編み地の糸を2〜3cm程度すくって針を入れ、引き出す。

50 49をもう一度くり返し、余分な糸をカットする。

糸を変えた場合は、それぞれ同じ色の部分で糸始末をするときれいに仕上がります。編み始めのわの部分が緩んでいる場合は少し糸を引き、わを引き締めてから糸始末しましょう。

51 できあがり。

Lesson 2 四角いモチーフを編む

丸形モチーフと同様にくさり編み、こま編み、
長編みに中長編みなどの編み方で四角形に編みます。
各段の最後の目の編み方など、*Point*もしっかりチェックしましょう。

A B C

no. 02 四角形コースター

目数を正しく編んで、同じ力加減できれいな四角形に仕上げましょう。

Design LiLi nana*

[糸]ハマナカ ポーム ベビーカラー　　　　　　　　　　　　[針]かぎ針5/0号

A：レモンイエロー(301) 8g
B：コーラル(303) 7g、ライトイエロー(93) 3g
C：ライトグレー(307) 5g、ライラック(304) 4g、グリーン(302) 3g

PART1 モチーフ編みレッスン
Lesson 2 四角いモチーフを編む

A

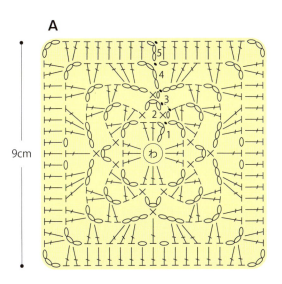

9cm

◢ =糸をつける
◣ =糸を切る

◯ =くさり編み
● =引き抜き編み
✕ =こま編み
𝕋 =中長編み
╈ =長編み
V =長編み2目編み入れる
W =長編み3目編み入れる

B

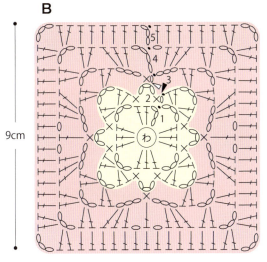

9cm

段数	配色
3〜5	コーラル
1・2	ライトイエロー

C

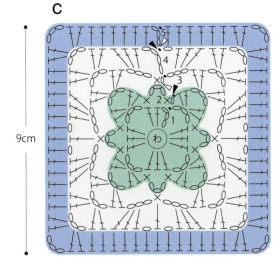

9cm

段数	配色
5	ライラック
3・4	ライトグレー
1・2	グリーン

17

わの作り目〜1段め ※Cの編み図で編んでいます。

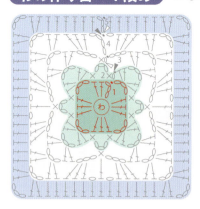

1 「丸形モチーフの編み方」1〜6（P.10）を参照してわの作り目をし、立ち上がりのくさり3目を編む。これが長編みの1目めになる。

2 続けて長編みを2目編み、合計長編み3目を編む。

3 くさり編みを3目編む。

4 長編み3目、くさり編み3目をあと3回くり返す。

5 「丸形モチーフの編み方」の16〜19（P.11）を参照してわを引き締める。

引き抜き編み

6 最後は1目めの頭（立ち上がりのくさり3目め）に針を入れ、矢印のように引き抜く。

7 1段めが編めたところ。

2段め

8 立ち上がりのくさり1目を編み、前段の引き抜いた目（立ち上がりのくさり3目め）にこま編みを編む。

中長編み T

9 くさり編みを3目編み、前段の長編みを1目とばし、次の長編みの頭にこま編みを編む。

10 針に糸をかけ、前段のくさり3目を束に拾う。

11 糸をかけ、引き出す。

12 糸をかけ、矢印のように3ループ引き抜く。

13 「中長編み」が編めたところ。

14 同じところに長編みを1目編み、くさり3目に続いて長編み1目、中長編み1目を編む。

15 前段の長編みの頭にこま編みを1目編む。

16 9～15を2回、9～14を1回くり返す。

17 最後は1目めのこま編みの頭に針を入れ、引き抜き編みを編む。

18 2段めが編めたところ。

3段め

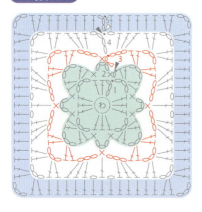

19 P.12の23〜25を参照して糸の色を変える。

3段め、**A**（色を変えない場合）は、前段のくさりを束に拾って引き抜き編みを編んでから、立ち上がりのくさり1目を編みます。

20 立ち上がりのくさり1目を編み、前段のくさり3目を束に拾い、こま編みを1目編む。

21 くさり3目を編み、前段のくさり3目を束に拾い、長編み2目、くさり3目、長編み2目を編む。

22 くさり3目を編み、前段のくさり3目を束に拾い、こま編みを1目編む。

23 21、22をあと3回くり返し、くさり編みを3目編んだところ。

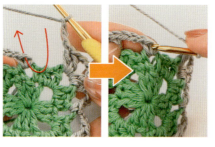

24 最後は1目めのこま編みの頭に針を入れ、引き抜き編みを編む。

25 3段めが編めたところ。

4段め

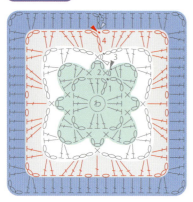

26 くさり編みを4目編む。これが長編み1目とくさり編み1目分になる。

27 前段のくさり3目を束に拾い、長編みを3目編む。

28 前段のくさり3目を束に拾い、長編み2目、くさり3目、長編み2目を編む。

29 前段のくさり3目を束に拾い、長編み3目を編む。くさり1目を編み、前段のこま編みの頭に長編みを編む。くさり1目を編み、前段のくさり3目を束に拾い長編み3目を編む。

Point: 長編み3目の後、くさり編み1目を忘れずに編みましょう。

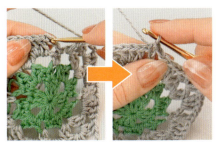

30 編み図のとおりに4段めを編み、最後は1目めの頭（立ち上がりのくさり3目め）に引き抜き編みを編む。

5段め

31 4段めが編めたところ。糸を変えない場合は**33**へ進む。

32 糸を変える場合は、前段の編み終わりで引き抜いた目に針を入れる。

33 立ち上がりのくさり3目を編み、前段のくさり1目を束に拾って長編みを1目編む。

34 前段の長編みの頭に長編みを1目編む。角は4段め**28**と同じように前段のくさり3目を束に拾い、長編み2目、くさり3目、長編み2目を編む。

5段めの最後、前段のくさり編みに長編み1目を忘れずに編みましょう。

35 編み終わりは1目めの頭（立ち上がりのくさり3目め）に引き抜く。

36 「丸形モチーフの編み方」**46〜50**（P.15）を参照し、裏側で糸始末をする。

37 できあがり。

Lesson 3 モチーフをつなぐ

  動画でわかる！

モチーフをつないで作品に仕上げます。
6種類のつなぎ方は、作品によって使い分けましょう。

> **半目の巻きかがり**　外側の半目をとじ針で拾いながらつなぐ方法。
> 編み地に厚みが出にくく、つないだ部分があまり目立たないのできれいに仕上がります。
>
> ※P.126のひざかけのモチーフで解説します。

Point　糸長はつなぐ辺の約3〜4倍を目安にしましょう。長くしすぎると扱いにくくなるので、長辺をつなぐ場合は足りなくなったら糸始末をして、新たに糸をつけるのがおすすめです。

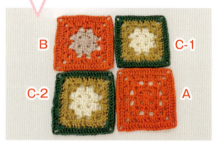

1 編み地の表裏を確認し、表面を上にして4枚を配置する。**モチーフC**（以下**C**）の最終段を編んだ糸を約70cmにカットし、とじ針に通す。

2 **C-1**と**A**をつき合わせ、**C-1**右下角のくさり編み3目の中央の目、外側半目に針を入れる。

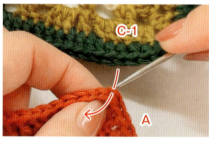

3 **A**右上角のくさり編み3目の中央の目、外側半目を拾い針を入れる。

4 針を引き抜き、糸を引く。このとき糸端は糸始末ができるよう約20cm残しておく。

5 つなぎ始めはゆるまないよう、もう一度同じ目に針を入れ、糸を引く。

6 **C-1**、**A**、それぞれ左となりの外側半目を拾って巻きかがる。

7 6をくり返し、角のくさり編み3目の中央の目まで巻きかがる。

8 2、3と同じように**B**の右下角と、**C-2**の右上角、それぞれのくさり編み3目の中央、外側半目を拾って巻きかがる。

Point　先につないだ**C-1**、**A**との間があかない程度に糸を引きましょう。

9 外側半目を拾って巻きかがり、角のくさり編み3目の中央の目まで巻きかがる。

10 つなぎ始めと同じように、もう一度同じ目を巻きかがり、裏側で糸始末をする。

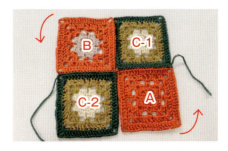

11 続けて縦のラインをつなげるため、編み地を90度左転する。

Point モチーフをつないだ中心が少しゆるくても、縦のラインをつなぐと整います。

12 2〜7をくり返し、**A**、**C-2**の外側半目を拾って上下を巻きかがる。

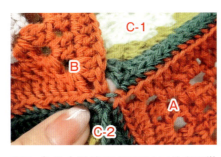

13 角のくさり編み3目の1目めまで巻きかがったところ。＊目を拾いやすいよう、編み地を90度左転しています。

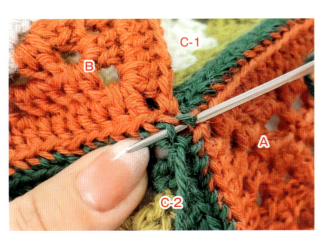

14 **A**のくさり編み3目の中央外側半目(**7**でつなげた目と同じところ)と、**C-2**のくさり編み3目の中央、外側半目を拾う。

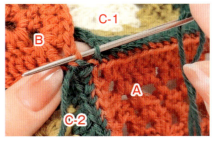

15 **C-1**のくさり編み3目の中央、外側半目と、**B**のくさり編み3目の中央外側半目(**8**でつなげた目と同じところ)を拾う。

16 続けて外側半目を拾い、端まで巻きかがる。

Point モチーフの編み終わりで拾う目がわかりにくい場合は、編み終わり前段から目をたどります。目を飛ばさないよう、前段の足を確認しながらかがりましょう。

17 最後は最初と同じように、もう一度同じ目を巻きかがり、裏側で糸始末をする。

全目の巻きかがり

半目の巻きかがりと同じ要領で全目を拾うので、よりしっかりつながります。針を入れる位置を間違えないよう *Point* をおさえましょう。

※P.126のひざかけのモチーフで解説します。

Point 針の後ろ側にはくさり編みの裏側にある裏山の糸が1本残っている状態です。

全目　くさり編みの表側にある糸2本の目

裏山　くさり編みの裏側にある糸1本の目

1 半目の巻きかがり（P.22）**1**と同様にモチーフを配置し、**C-1**右下角のくさり編み3目の中央の全目を拾う。針の上に糸が2本かかっている状態。

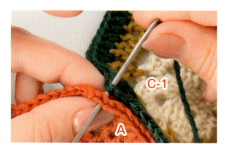

2 **A**右上角のくさり編み3目の中央の全目を拾い、針を入れる。

3 半目の巻きかがり（P.22）**4**、**5**と同様に糸端を残し、同じ目をもう一度巻きかがる。

4 それぞれ左となりの全目を拾って巻きかがる。

5 角のくさり編み3目の中央の目まで巻きかがり、続けて**B**の右下角と**C-2**の右上角、それぞれのくさり編み3目の中央、全目を拾って巻きかがる。

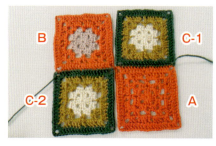

6 角のくさり編み3目の中央の目まで巻きかがり、つなぎ始めと同じように、もう一度同じ目を巻きかがり、裏側で糸始末をする。

7 編み地を90度左転して**1**〜**4**をくり返し、**A**、**C-2**の全目を拾って角のくさり編み3目の1目めまで巻きかがる。

8 **A**のくさり編み3目の中央全目（**5**でつなげた目と同じところ）と、**C-2**のくさり編み3目の中央、全目を拾う。

9 **C-1**のくさり編み3目の中央、全目と、**B**のくさり編み3目の中央、全目（**5**でつなげた目と同じところ）を拾う。

10 続けて全目を拾って端まで巻きかがり、最後はもう一度同じ目を巻きかがり、裏側で糸始末をする。

こま編みでつなぐ

つなぎ目が浮き出ているような仕上がり。ここでは**B**、**C**の各2枚を、裏側から外側の半目を拾ってこま編みでつなぐ方法を解説します。

※P.126のひざかけのモチーフで解説します。

Point モチーフ2枚を中表で合わせた状態で持っています。

1 編み地の表裏を確認し、表面を上にして4枚を配置する。

2 裏に返し、**B-2**、**C-2**をつき合わせた右角から編み始める。つなぐ糸は糸玉がついたままで編む。

3 **B-2**、**C-2**それぞれ右角のくさり編み3目の中央の目、外側半目を拾って針を入れる。

4 糸をつけ、針に糸をかけて、矢印のように引き出す。

5 針に糸をかけ、引き抜く。

6 立ち上がりのくさり1目を編み、**3**と同じ目に針を入れる。

7 針に糸をかけて引き出し、こま編みを編む。

8 モチーフ**B-2**、**C-2**、それぞれ左となりの外側半目を拾ってこま編みを編む。

Point 糸端は編みくるみましょう。

9 角のくさり編み3目の中央までこま編みでつなぎ、表面から見たところ。

P.26へ続く

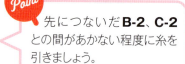

> Point 先につないだ **B-2**、**C-2** との間があかない程度に糸を引きましょう。

10 モチーフ**C-1**、**B-1**を中表に合わせ、角のくさり編み3目の中央、外側半目を拾ってこま編みを編む。

11 角のくさり編み3目の中央までこま編みでつなぐ。

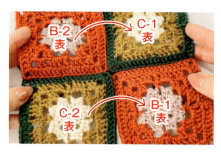

12 糸端を約20cm残してカットし、くさり編みを1目編んでから針を引き、糸を引き抜く。

13 編み地を表に返し、中表で縦半分に折る。

14 編みつなぐモチーフ2枚（**B-1**と**C-2**）の角のくさり編み3目の中央、外側半目を拾って針を入れる。

15 糸をつけて引き出し、くさり編みで引き締める。くさり1目で立ち上がり、同じ目にこま編みを編む。

16 続けて角のくさり編み3目の1目めまでこま編みでつなぐ。

17 **B-1**と**C-2**の角、それぞれのくさり編み3目の中央（**9**でつなげた目と同じところ）外側半目を拾ってこま編みを編む。

18 **C-1**、**B-2**の角、それぞれのくさり編み3目の中央（**10**でつなげた目と同じところ）外側半目を拾ってこま編みを編む。

> Point 編み地を少し引っ張ると、針を入れる位置がわかります。

19 角のくさり編み3目の中央の目までこま編みでつなぎ、**12**を参照し、糸始末をする。

引き抜き編みでつなぐ

こま編みつなぎと同じ手順で、外側の半目を拾ってつなげます。こま編みでつなぐよりも裏面のつなぎ目が目立たないのが特徴です。

※P.126のひざかけのモチーフで解説します。

Point 引き抜き編みは引きすぎず、ふんわり編むときれいに仕上がります。

1 こま編みつなぎの**1～6**（P.25）と同様に立ち上がりのくさり1目まで編んだところ。

2 同じ目に針を入れる。

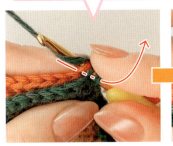

3 針に糸をかけ、一度に引き抜く。

4 同様に角のくさり編み3目の中央の目まで引き抜き編みでつなぐ。次につなぐモチーフ2枚を中表に合わせ、角のくさり編み3目の中央、外側半目を拾って引き抜き編みを編む。

5 もう1辺も同様に引き抜き編みでつなぎ、角のくさり編み3目の中央、外側半目を拾って針を入れ、引き抜き編みを編む。

Point 間がゆるまないよう、しっかり糸を引きましょう。

6 次のモチーフ2枚の角のくさり編み3目の中央、外側半目を拾って針を入れ、引き抜き編みを編む。

7 同様に角のくさり編み3目の中央まで引き抜き編みでつなぎ、糸始末をする。

最終段で編みつなぐ

モチーフの最終段で引き抜き編みやこま編みでつなぐ方法です。
編みながらつなぐので糸量が少なく、仕上げも楽ですが、
点でつなぐため強度はやや弱めです。

引き抜き編み
P.122の丸モチーフのミニマットをサンプルに、つなぎ方を解説します。※糸の色を変えて編んでいます。

1 1枚めのモチーフを指定の糸で、編み図のとおりに編む。

2 2枚めのモチーフを指定の糸で、最終段のつなぐ手前の長編みまで編む。

3 1枚めのモチーフのくさり編みを束に拾い、矢印のように針を入れる。

4 針に糸をかけ、矢印のように引き抜く。

5 続けて編み図のとおりに長編み2目編み、最後まで編む。

6 編み終わりは1目めにチェーンつなぎをし、モチーフ2枚がつながったところ。

ピコット編み
P.139のカラフル三角ショールをサンプルに、つなぎ方を解説します。

1 モチーフを1枚編む。2枚めのモチーフは途中まで編み、1枚めの裏からピコットに針を入れる。

2 引き抜き編みを1目編む。

3 くさり編みを1目編んだら、矢印のように針を入れる。

4 糸をかけ、矢印のように引き抜く。

5 モチーフがつながったところ。矢印の方向に続けて編む。

裏側から見たところ。

PART 2

\ たくさん編みたい！ /
モチーフ編みの小物

モチーフが編めるようになったら、
数枚をつなげて
かわいい作品を作ってみましょう。
バッグ、帽子、ウエア、インテリア小物……。
モチーフ1枚からどんどん世界が広がります。

no.03 スクエア型の ミニ巾着

モチーフ 5枚

モチーフを5枚つなげた小さな巾着袋。「グラニースクエア」というシンプルなモチーフなので、ぜひオリジナルの配色にチャレンジしてみて。

Design 武智美恵
Yarn リッチモア パーセント

作り方 ▶ P.80

PART2 モチーフ編みの小物

no.04 秋色のトートバッグ

モチーフ18枚

モチーフを縦横規則的につなげたバッグ。つなげることでさまざまな模様が浮かび上がるように糸の色を変えるタイミングを工夫しています。

Design さかい はな
Yarn ハマナカ アメリー
作り方 ▶ P.70

no. 05 春色のトートバッグ

モチーフ 18枚

04と同じモチーフを春色に。色を細かく変えながら斜めにつなげ、思いがけない模様を作り出しています。

Design さかい はな
Yarn ハマナカ アメリーエフ《合太》、itoa あみぐるみが編みたくなる糸
作り方 ▶ P.72

PART2 モチーフ編みの小物

33

no. 06 ミニマット

モチーフ 6枚

04、05と同じ編み図のモチーフを使用。配色を変えるだけで、模様の印象がガラッと変わります。

Design さかい はな
Yarn ハマナカ アメリーエフ《合太》
作り方 ▶P.76

no. 07
ハンドウォーマー

モチーフ 2枚×2

シンプルな四角いモチーフ2枚で作ります。手の甲側は5色の糸を使い分け、手のひら側は2色を途中で切り替えながら編むのがポイントです。

Design さかい はな

Yarn ハマナカ アメリー

作り方 ▶ P.78

PART 2 モチーフ編みの小物

no. 08

no. 09

no. 08 まんまるがま口
モチーフ 2枚

口金の形状に合わせた丸いモチーフ2枚で作るがま口ポーチ。コスメやアクセサリーなど小物の整理にぴったりです。

Design ミドリノクマ
Yarn ハマナカ ウオッシュコットン《クロッシェ》
作り方 ▶ P.81

no. 09 六角グラニーバッグ
モチーフ 7枚

六角形のモチーフをつないで六角形に仕上げています。モチーフ1枚が大きいので、7枚のモチーフで収納力のあるサイズに。

Design 小鳥山いん子
Yarn ハマナカ エコアンダリヤ
作り方 ▶ P.82

PART2 モチーフ編みの小物

no. カラフルスマホショルダー

モチーフ 40枚

8色の糸を使い、小さなモチーフを繋ぎ合わせたスマホショルダー。モチーフ1枚に使う糸量が少ないので、余り糸の活用法としてもおすすめです。

Design andeBoo
Yarn リッチモア パーセント

作り方 ▶ P.84

no.11 X模様のスマホショルダー モチーフ24枚

さわやかな色味のコットン糸を使用。身軽に出かけたいときに重宝する、ちょうどいいサイズ感が魅力です。

Design andeBoo
Yarn ハマナカ ウオッシュコットン《クロッシェ》、ウオッシュコットンクロッシェ《ラメ》
作り方▶P.86

PART2 モチーフ編みの小物

no. 12 マンダラ模様の巾着

モチーフ 5枚

繊細で立体感のあるマンダラ風モチーフを組み合わせた巾着型バッグ。ニュアンスカラーの配色がコーディネートのアクセントに。

Design andeBoo
Yarn ハマナカ ウオッシュコットン
作り方 ▶P.88

PART2 モチーフ編みの小物

no. 13 ビスチェ

モチーフ 42枚

編むのが大変そうなウエアも、モチーフならつなげるだけで完成！ 糸の種類や配色を変えるなど、アレンジも簡単です。

Design 小鳥山いん子
Yarn ハマナカ itoa あみぐるみが編みたくなる糸

作り方▶P.92

no. 14 2色のネックウォーマー

モチーフ 72枚

六角形のモチーフの頂点を上下に配置してつなげています。途中でモチーフの色を変えることでユニークな模様になります。

Design blanco
Yarn ハマナカ アメリー、ソノモノ ヘアリー
作り方▶P.91

PART2 モチーフ編みの小物

no. 15 3色のネックウォーマー

モチーフ 72枚

14と同じモチーフを使用し、六角形の辺を上下に配置してつなげたバージョン。斜め模様になるように配色に工夫をしています。

Design blanco
Yarn ハマナカ アメリー
作り方▶P.91

no. 16 ヘアバンド

モチーフ 16枚

花びらをつなげたようなナチュラルな印象のヘアバンド。後ろ側を絞っているので、どんなヘアスタイルにもフィットします。

Design andeBoo
Yarn ハマナカ ソノモノ アルパカウール
作り方▶P.94

no. 17
ルームシューズ 大人用

モチーフ 16枚

四角形のモチーフをつなげるだけの簡単仕様。フラップ付きで脱ぎ履きがラクチンです。

Design 髙際有希
Yarn ハマナカ アメリー
作り方 ▶ P.96

no. 18
ルームシューズ 子ども用

モチーフ 16枚

糸2本どりの大人用に対し、子ども用は糸1本どりでサイズを調整。履き口を長くして脱げにくい形にしています。

Design 髙際有希
Yarn ハマナカ アメリー
作り方 ▶ P.96

PART2 モチーフ編みの小物

PART 2 モチーフ編みの小物

no.19 小花のミニマフラー 〔モチーフ 138枚〕

小さな花のモチーフをぎゅうぎゅうにつなぎ合わせたマフラー。アウターの下からちらっと覗かせるのもかわいいです。

Design ミドリノクマ
Yarn ハマナカ アメリーエフ《合太》
作り方▶P.95

no.20 ふんわりスヌード 〔モチーフ 30枚〕

カラフルな水玉のように見える模様が特徴です。ふんわりした仕上がりで、秋口から活躍しそうなアイテム。

Design Riko リボン
Yarn ハマナカ アメリーエフ《合太》
作り方▶P.98

no.21 花モチーフの ヘアピン、ヘアゴム、コサージュ

モチーフ 3種

3種類の花のモチーフを組み合わせて作ります。糸の質感で雰囲気が変わります。

Design 高際有希
Yarn ハマナカ ウオッシュコットン《クロッシェ》、ソノモノ ヘアリー
作り方▶P.100

no.22 バラモチーフの ヘアピン、ヘアゴム

モチーフ 3種

バラと葉っぱのモチーフで作るアクセサリー。赤でバラらしく、モノトーンでまとめてシックに。

Design 高際有希
Yarn ハマナカ フラックスＫ、純毛中細
作り方▶P.101

no.23 小花のピアス

モチーフ 3種

赤い花と青い花それぞれに葉っぱを組み合わせたピアス。小ぶりなサイズ感がさりげなくおしゃれです。

Design 高際有希
Yarn ハマナカ ウオッシュコットンクロッシェ《ラメ》、ウオッシュコットン《クロッシェ》
作り方▶P.102

no.21

PART2 モチーフ編みの小物

no.24 レース風つけ襟 モチーフ10枚

真っ白なコットン糸で仕上げたつけ襟。シンプルなトップスをエレガントに変身させます。

Design 髙際有希
Yarn ハマナカ ウオッシュコットン《クロッシェ》
作り方▶P.102

no.23

PART2 モチーフ編みの小物

no.25 バラクラバ

モチーフ 8枚

太めの糸で編んだざっくり感が特徴。頭まですっぽりかぶったり、フードを後ろに倒したり、コーディネートに合わせて着方を楽しめます。

Design 小鳥山いん子
Yarn ハマナカ アメリーエル《極太》
作り方 ▶P.104

no.26 おそろいニット帽 大人用　モチーフ8枚

モチーフを飾りとしてあしらったニット帽。
同じモチーフのマフラーとのコーディネート
も、すっきり決まります。

Design ミドリノクマ
Yarn ハマナカ アメリー
作り方▶P.106

no.27 おそろいニット帽 子ども用　モチーフ7枚

26と同じモチーフで、カラフルな配色に。
モチーフの枚数を1枚減らして子ども用
（2〜4歳用）にサイズダウンしています。

Design ミドリノクマ
Yarn ハマナカ アメリー
作り方▶P.106

no. 28
おそろいマフラー

モチーフ 32枚

26とおそろいで使えるマフラー。モチーフ4枚をずらしながら配置したユニークな形がポイントです。

Design ミドリノクマ
Yarn ハマナカ アメリーエフ《合太》
作り方▶P.108

no. 26

no. 28

PART2 モチーフ編みの小物

no. 29 大人ハット 〈モチーフ 14枚〉

モチーフを台形にしてきれいなシルエットのブリムに仕上げています。折りたためるので旅のお供にもおすすめです。

Design blanco
Yarn ハマナカ エコアンダリヤ
作り方 ▶ P.110

no. 30 子どもハット 〈モチーフ 6枚〉

四角形のモチーフを6枚つないだ子ども用。サイズ変更もできるので、家族でおそろいでかぶっても。

Design blanco
Yarn ハマナカ エコアンダリヤ
作り方 ▶ P.112

PART2 モチーフ編みの小物

no. 29

no. 30

no. 31
ベビーボンネット

モチーフ **17**枚

2種類のモチーフでシックに仕上げたボンネット。0〜6か月のベビー用です。

Design blanco
Yarn ハマナカ アメリー
作り方 ▶P.114

no. 32
子どもポンチョ

モチーフ **6**種

太めの糸だから、わずか6枚のモチーフで仕上がります。糸の太さを変えればリサイズも簡単です。

Design blanco
Yarn ハマナカ アメリーエル《極太》
作り方 ▶P.116

no. 32

no. 31

PART2 モチーフ編みの小物

no.34 パッチワーク風クッション

モチーフ20枚

3種類のモチーフをパッチワークのように組み合わせています。キュートなデザインも色を2色にしぼることで大人っぽく。

Design 小鳥山いん子
Yarn ハマナカ アメリー

作り方 ▶P.118

no. 33 三角ガーランド

三角形のモチーフをつなげたガーランド。子ども部屋のインテリアとして、パーティーなどのデコレーションとしても素敵です。

Design Miya
Yarn ハマナカ アメリー、ウオッシュコットン《クロッシェ》
作り方▶P.109

no. 35 丸モチーフののれん

モチーフ128枚

小さな丸モチーフとクリスタルボールを組み合わせ、涼やかな雰囲気を演出。お部屋に合わせてサイズを調整して。

Design Riko リボン
Yarn ハマナカ ウオッシュコットン、ウオッシュコットンクロッシェ《ラメ》、エコアンダリヤ
作り方▶P.120

no. 36 丸モチーフのミニマット

35と同じモチーフを規則的につなげたミニマット。色、糸、モチーフの枚数などアレンジのしやすさも魅力です。

Design Riko リボン
Yarn ハマナカ アメリー
作り方▶P.122

no. 37 ひざかけ

モチーフ 35 枚

モチーフ35枚を編み、巻きかがりでつなげます。ほどよいサイズで、おうちでもアウトドアでもさまざまなシーンで活躍します。

Design｜LiLi nana*
Yarn｜ハマナカ カミーナ ストレート
作り方▶P.126

PART2 モチーフ編みの小物

no.38 ポットマット 〔モチーフ1枚〕

洗濯できるリネン糸を2本どりで使用。毎日使うものだから、しっかりとした厚みのあるモチーフに仕上げています。

Design blanco
Yarn ハマナカ 洗えるリネン
作り方▶P.125

no.39 ビーズのピンクッション 〔モチーフ2枚〕

こま編みでぐるぐると編んだ丸いモチーフ2枚に綿を詰めたピンクッション。モチーフをつなぐ小さなビーズがアクセントに。

Design Riko リボン
Yarn ハマナカ ウオッシュコットン《クロッシェ》
作り方▶P.123

no. 40 フラワークッション モチーフ 2枚

ベースの丸いモチーフに長編みを編み付けたフリルのようなデザイン。同色の3種の糸を使い分け、花びらのニュアンスを表現しています。

Design 小鳥山いん子
Yarn ハマナカ カミーナ ストレート、カミーナ タム、カミーナ ループ
作り方 ▶P.128

no. 41 フラワーポーチ モチーフ 2枚

40と同じモチーフをポーチに仕立てました。小物入れとして、ストラップをつければミニバッグとしても使えます。

Design 小鳥山いん子
Yarn ハマナカ アメリー
作り方 ▶P.130

no. 42 プラントハンガー

モチーフ1枚

1枚のモチーフで完成するお手軽なアイテム。糸の太さを変えたり、段を増減すればプランターに合わせてリサイズも簡単です。

Design ミドリノクマ
Yarn ハマナカ 洗えるリネン、フラックスK
作り方 ▶ P.132

PART2 モチーフ編みの小物

no.43 お花の座布団 （モチーフ 14枚）

六角形のモチーフの中央に花のモチーフでアクセントを付けました。小ぶりなので、プランターなどの敷きマットとしても。

Design Riko リボン
Yarn ハマナカ アメリー
作り方▶P.134

no.44 マンダラ風座布団 （モチーフ 2枚）

きれいなマンダラ模様が印象的なおざぶ。椅子やソファー、フロアなど、さまざまな場所で重宝します。

Design andeBoo
Yarn ハマナカ ジャンボニー
作り方▶P.138

no. 45 ティッシュカバー

モチーフ 12枚

ひもを掛けて使うので、場所を選びません。ボックスティッシュにも箱のないパックティッシュにも使えます。

Design Riko リボン
Yarn ハマナカ エコアンダリヤ
作り方 ▶ P.136

チャレンジアイテム

カラフル三角ショール

モチーフ90枚をつないだ三角ショール。モチーフの配色に規則性はなく、さまざまな色を使っているのが特徴です。色数が増えれば、どんな配色でもまとまるもの。余り糸などを使って、自由な発想で編みつないでみましょう。

Design 武智美恵

Yarn リッチモア パーセント

作り方 ▶ P.139

PART2 モチーフ編みの小物

Column 配色の楽しみ方

〈1枚のパターン〉 *5段の場合

 3色
2色を交互に、もう1色はアクセントになる色を入れます。アクセントカラーは3、4段めでも引き立ちます。

1、5段と2、3段を同色でまとめたパターン。面積の広い2、3段の色がメインカラーになります。

 5色
段ごとに色を変えるパターン。1色やさしい色を取り入れるとまとまります。

 4色
1~3段は色を変え、4、5段を同色でまとめます。外側をおとなしい色にすると内側の模様が目立ちます。

3、4段を同色でまとめたパターン。おとなしい色を中に入れると、全体のトーンが落ち着きます。

1、2段を同色でまとめたパターン。淡い色からだんだん色を強くし、外側はやさしい色で包みます。

〈つなぎのパターン〉

 2色
2色におさえたモチーフをつなげるパターン。外側は枠、内側は模様のような役割になります。

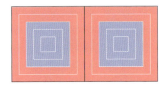

ランダム
P.67のカラフル三角ショールのように、色数も規則も決めないパターン。選ぶ色によってカラフルにもシックにもなります。

 単色×多色
単色モチーフのカラーバリエーションを増やしたパターン。規則的に並べたりランダムに散らしたり、配置によって印象が変わります。

 多色A
外側の最終段のみ色を揃え、内側はさまざまな色を使用。外側の1色を揃えておけば、内側は何色でもまとまります。

多色B
多色Aと逆のパターン。選ぶ色によってはAよりもにぎやかな印象を与えます。

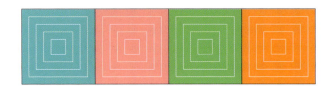

モチーフ編みの場合、モチーフ1枚の配色と、つないだときの配色があり、そのパターンは無限です。グラニースクエアをベースに、配色パターンの一例を紹介します。

〈色合わせのコツ〉

配色パターンを決めたら、全体のイメージを決めましょう。ここではパワフル、シック、レトロ、ポップ、スイートの5つのイメージに分けて、配色を提案します。これはほんの一例。メインカラーやアクセントカラーを決めてからイメージに当てはめる方法もおすすめです。

パワフル

赤や黒、紫などの強い色を中心に組み合わせたパターン。雰囲気を少し和らげたいときは、やや薄めの色を1、2段使うのがおすすめです。

①
②
③

シック

黒、白、グレーなどの無彩色やネイビー、茶系をベースにまとめます。アクセントがほしい場合は、明るい色を1色加えるだけで印象が変わります。

④
⑤
⑥

レトロ

暖色を中心にまとめたパターン。緑、茶、赤、ピンクなどは深めのトーンを選び、アクセントとして1色薄めの色を加えると懐かしい雰囲気に。

⑦
⑧
⑨

ポップ

白や淡い色にかわいい色を組み合わせたパターン。少し大人っぽくしたい場合は、アクセントに濃いめの色を1色加えるのがコツです。

⑩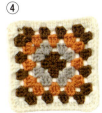
⑪
⑫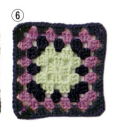

スイート

透明感のあるふんわりとした淡い色を組み合わせたパターン。白やベージュ、グレーなどを1色加えると甘すぎないソフトな雰囲気にまとまります。

⑬
⑭
⑮

使用糸：リッチモア パーセント
＊モチーフ1段めからの色番号です

[パワフル]
① 109、77、72、73、109
② 73、107、90、5、43
③ 51、35、35、73、51

[シック]
④ 9、124、86、9、2
⑤ 39、90、117、43、119
⑥ 36、36、47、60、47

[レトロ]
⑦ 51、73、81、31、77
⑧ 117、107、117、47、107
⑨ 77、31、93、93、114

[ポップ]
⑩ 121、108、121、73、108
⑪ 22、51、81、72、107
⑫ 60、109、102、1、1

[スイート]
⑬ 35、35、123、81、59
⑭ 1、72、121、4、36
⑮ 70、106、124、70、124

How to make

no.04 秋色のトートバッグ P.31

[糸] ハマナカ アメリー（40g玉巻）
　　ナチュラルブラック(24) 45g
　　クリムゾンレッド(5) 45g
　　インクブルー(16) 45g
　　キャメル(8) 20g
　　ベージュ(21) 18g
[針] かぎ針5/0号

編み方　＊糸は1本どりで編みます。

❶モチーフを1枚編む。糸変えは、休ませる糸を編みくるみながら（P.75参照）編む。
❷2枚め以降は「モチーフ配置図」を参照し、最終段で隣り合うモチーフに編みつなぎながら番号順に編む。
❸モチーフから目を拾い、入れ口の縁編みを7段編む。
❹持ち手を編む。くさり編み100目で作り目をし、3段編む。同じものを2本編み、とじ針で指定の位置にとじつける。

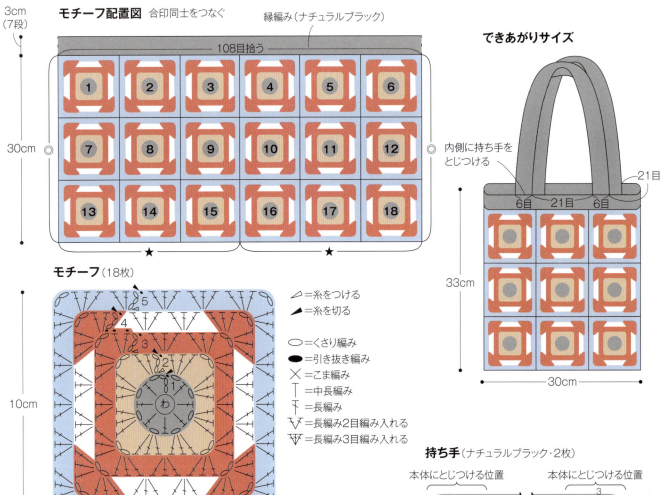

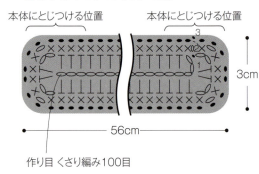

モチーフのつなぎ方・縁編み

持ち手つけ位置

╱ = 糸をつける
◢ = 糸を切る

PART 2 モチーフ編みの小物

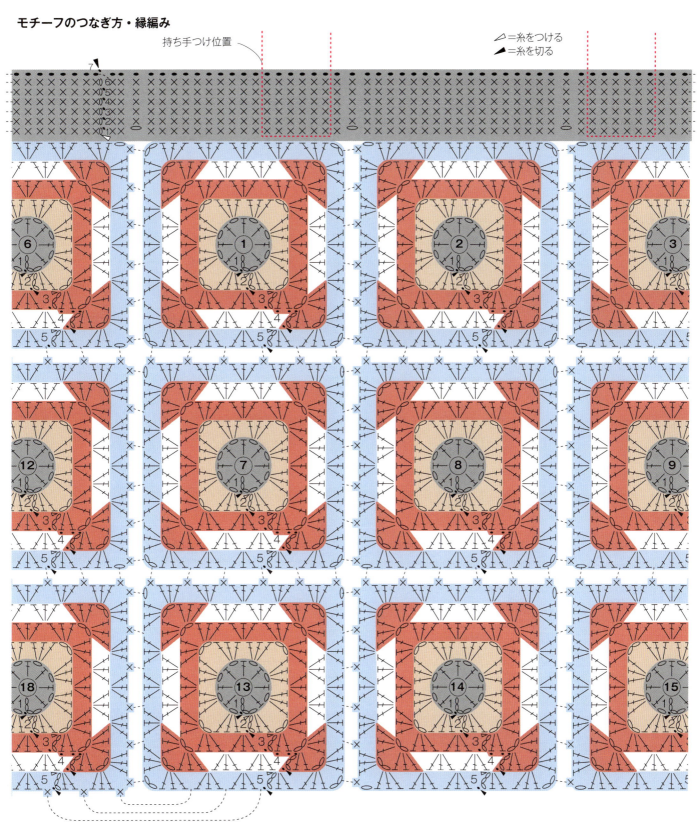

no. 05 春色のトートバッグ　P.32

[糸] ハマナカ アメリーエフ《合太》(30g玉巻)
　　ナチュラルホワイト(501) 35g
　　クリームイエロー(502) 17g
　　ハマナカ itoa あみぐるみが編みたくなる糸(15g玉巻)
　　アイスグリーン(322) 30g
　　ピンクオレンジ(320) 17g
　　薄紫(314) 5g
[針] かぎ針4/0号

編み方 ＊糸は1本どりで編みます。

❶ モチーフを5枚編む。糸変えは、休ませる糸を編みくるみながら(P.75参照)編む。
❷ 6枚め以降は「モチーフ配置図」「モチーフのつなぎ方」を参照し、最終段で隣り合うモチーフに編みつなぎながら番号順に編む。
❸ モチーフから目を拾い、入れ口と持ち手を編む。
❹ ポンポンを9個作り、中心を結んだ糸の糸端をとじ針に通し、本体の指定の位置にとじつける。

モチーフ配置図

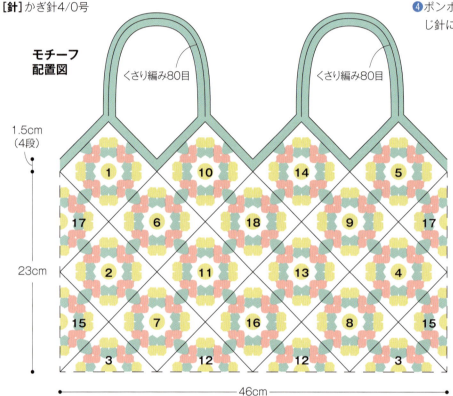

くさり編み80目
1.5cm (4段)
23cm
46cm
8.5cm

モチーフ (18枚)

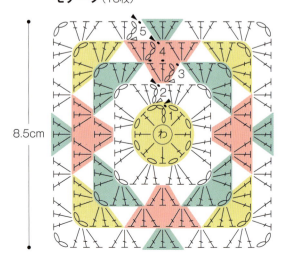

／＝糸をつける
＼＝糸を切る
○＝くさり編み
●＝引き抜き編み
T＝長編み
V＝長編み2目編み入れる
W＝長編み3目編み入れる

配色

段数	色
5	アイスグリーン×ナチュラルホワイト
4	ピンクオレンジ×クリームイエロー
3	ピンクオレンジ×アイスグリーン
2	ナチュラルホワイト
1	クリームイエロー

ポンポンの作り方(9個)

1　3cm幅の厚紙に薄紫を20回巻きつけて厚紙から外す。

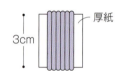

2　中心を20cmにカットした糸で固結びする。このとき糸を強く引きすぎると糸が切れることがあるので注意する。

3　直径2cmになるようにカットして形を整える。

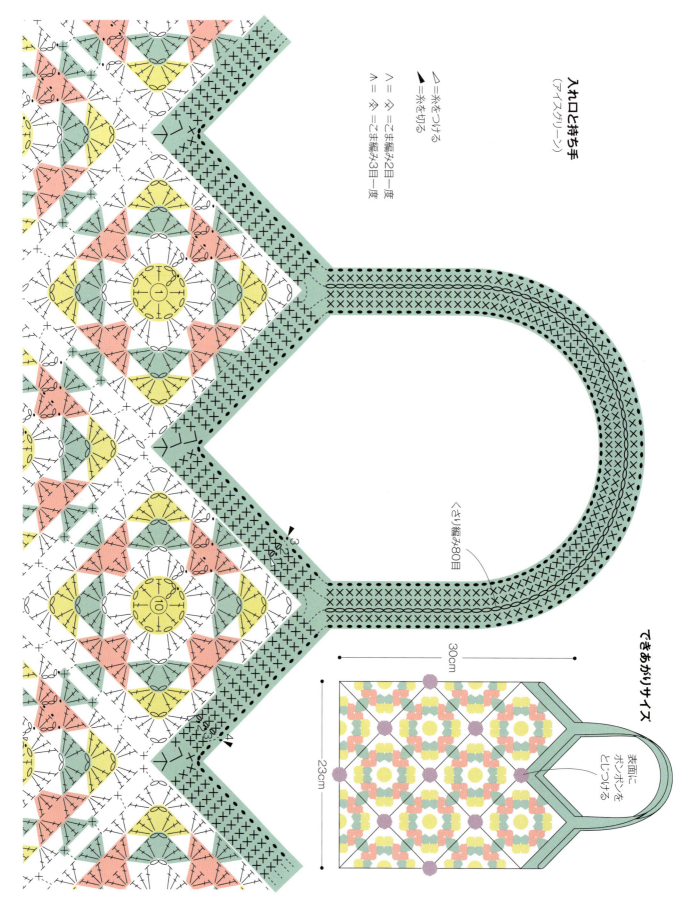

段の途中での糸の変え方

1 編み図のとおりに2段めまで編み、3段めの3目め長編みの最後を引き抜く直前で、新しい糸（糸B）を用意する。

2 針に糸Bをかけ、矢印のように引き抜く。

3 糸Bに変わったところ。

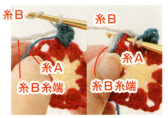

4 針に糸Bをかけ、糸Aと糸Bの糸端を編み地に沿わせたら、くさり編みの束に針を入れる。

5 糸Bで編み図のとおり長編みを編む。（糸B糸端と糸Aが編みくるまれている）

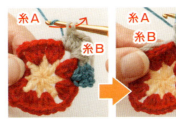

6 糸Aに変える直前の糸Bの長編みの最後を引き抜くとき、編みくるんでいた糸Aを針にかけ、矢印のように引き抜く。糸Bを編みくるみながら糸Aで編む。

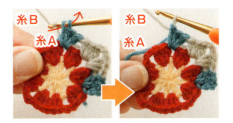

7 6同様、糸Bに変える直前の糸Aの長編みの最後を引き抜くとき、編みくるんでいた糸Bを針にかけ、矢印のように引き抜く。

8 6、7をくり返し、最後の目は糸Aで引き抜き、3段めが完成。

9 裏側から見たところ。糸Bは約20cm残してカットする。

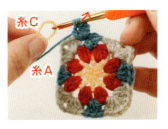

10 4段めはそのまま糸Aで立ち上がり、糸Bの糸端を編みくるみながら2と同じように糸Cに変える。

11 糸Cに変わったところ。

12 4〜6同様、糸Aと糸Cの糸端を編み地に沿わせ、編みくるみながら糸Aで編み図のとおりに編み、糸を変える。

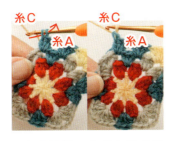

13 6同様、糸Cに変える直前の糸Aの長編みの最後を引き抜くとき、編みくるんでいた糸Cを針にかけ、矢印のように引き抜く。

14 12、13をくり返し、最後の目はそのまま糸Aで引き抜き、4段めが完成。

15 裏側から見たところ。糸Cは約20cm残してカットする。糸Aはくさり編みを1目編み、約20cm残してカットし引き抜き止める。

no.06 ミニマット　P.34

[糸] ハマナカ アメリーエフ《合太》(30g玉巻)
　　キャメル(520) 11g
　　ブラウン(519) 7g
　　ナチュラルホワイト(501) 7g
　　パロットグリーン(516) 6g
　　バーミリオンオレンジ(507) 3g
　　マリーゴールドイエロー(503) 3g
[針] かぎ針4/0号

編み方　*糸は1本どりで編みます。

1. モチーフを1枚編む。糸変えは、休ませる糸を編みくるみながら(P.75参照)編む。
2. 2枚め以降は「モチーフのつなぎ方・縁編み」を参照し、最終段で隣り合うモチーフに編みつなぎながら番号順に編む。
3. モチーフから目を拾い、2段縁編みを編む。
4. 「ステッチの入れ方」と「モチーフのつなぎ方・縁編み」を参照し、とじ針を使って2本どりでストレートステッチを入れる。

モチーフ

8cm

配色

段数	A(3枚)
5	ブラウン×ナチュラルホワイト
4	パロットグリーン×キャメル
3	パロットグリーン×ブラウン
2	マリーゴールドイエロー
1	キャメル

段数	B(3枚)
5	ブラウン×ナチュラルホワイト
4	パロットグリーン×キャメル
3	パロットグリーン×ブラウン
2	バーミリオンオレンジ
1	キャメル

◢＝糸をつける
◣＝糸を切る

◯＝くさり編み
●＝引き抜き編み
T＝長編み
V＝長編み2目編み入れる
W＝長編み3目編み入れる

モチーフ配置図

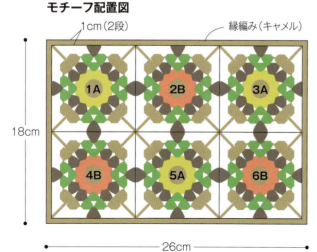

1cm(2段)　　縁編み(キャメル)
18cm　　26cm

ステッチの入れ方
キャメル2本どりでストレートステッチ

⌒(オレンジ)＝刺し始めと刺し終わり、裏面で糸始末をする
⌒(水色)＝ステッチの折り返し位置
←＝表に出るステッチ
←(点線)＝裏に出るステッチ

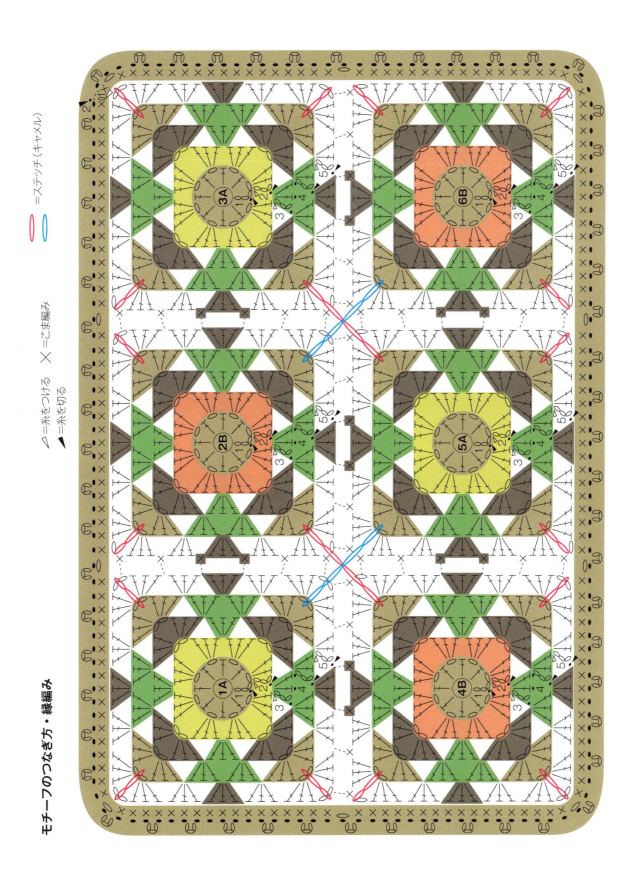

How to make

no.07 ハンドウォーマー P.35

A　B

[糸]ハマナカ アメリー(40g玉巻)
　A：ダークレッド(6) 28g
　　ナチュラルブラウン(23) 20g
　　グラスグリーン(13) 5g
　　イエローオーカー(41) 2g
　　ベージュ(21) 3g
　B：ネイビーブルー(17) 28g
　　チャコールグレー(30) 20g
　　グラスグリーン(13) 5g
　　イエローオーカー(41) 2g
　　ベージュ(21) 3g

[針]かぎ針5/0号

編み方　＊糸は1本どりで編みます。

❶モチーフbを編む。糸変えは、休ませる糸を編みくるみながら(P.75参照)編む。
❷モチーフaを編む。最終段でモチーフbに編みつなぐ。
❸モチーフから目を拾い、手首、指側、親指をそれぞれ輪に編む。
❹「ステッチの入れ方」を参照し、とじ針を使って2本どりでストレートステッチを入れる。

親指

配色

	A	B
	ナチュラルブラウン	チャコールグレー

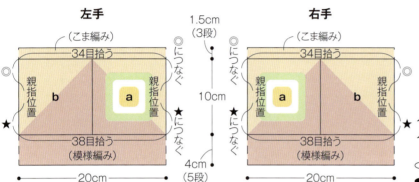

△ = 糸をつける　　　× = こま編み
▲ = 糸を切る　　　　┬ = 長編み
　　　　　　　　　　 ╤ = 長々編み
○ = くさり編み　　　 ⊕ = 長編み4目のパプコーン編み
● = 引き抜き編み　　V = こま編み2目編み入れる

モチーフa(2枚)

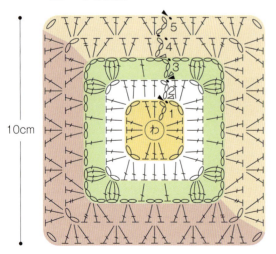

モチーフb(2枚)

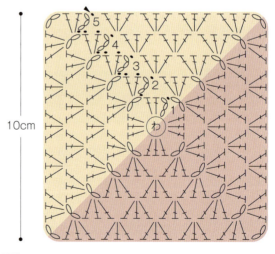

配色

段数	A	B
4・5	ナチュラルブラウン×ダークレッド	チャコールグレー×ネイビーブルー
3	グラスグリーン	グラスグリーン
2	ベージュ	ベージュ
1	イエローオーカー	イエローオーカー

配色

段数	A	B
1～5	ナチュラルブラウン×ダークレッド	チャコールグレー×ネイビーブルー

左手

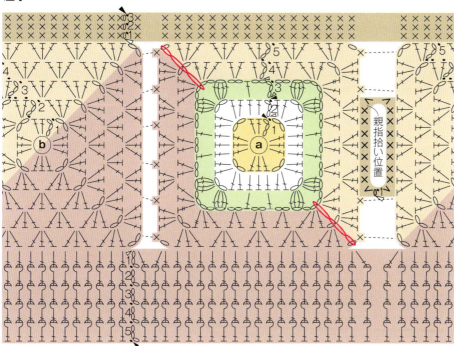

ステッチの入れ方
グラスグリーン2本どりで
ストレートステッチ

🟠 刺し始めと刺し終わり
　　裏面で糸始末をする
🔵 ステッチの折り返し位置
← =表に出るステッチ
⇠ =裏に出るステッチ

右手

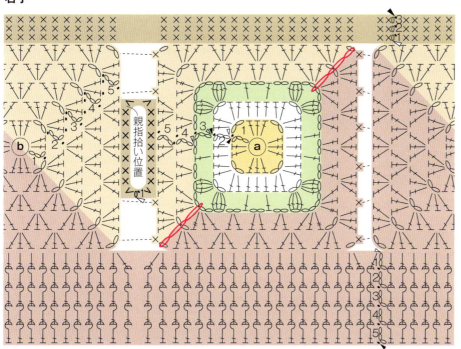

⬭ =ステッチ
　　（グラスグリーン・2本どり）
✎ =糸をつける
▼ =糸を切る
V = ⩔ =こま編み2目編み入れる
⌇ =長編みの表引き上げ編み
⌇ =長編みの裏引き上げ編み

配色

A	B
ナチュラルブラウン	チャコールグレー
ダークレッド	ネイビーブルー

How to make

no. 03 スクエア型のミニ巾着 P.30

[糸] リッチモア パーセント（40g玉巻）
A：ミント（109）30g、黄（4）3g、グレー（121）、
赤（74）、紺（47）、白（95）、ピンク（72）、
オレンジ（102）、紫（112）、茶（88）各少量
B：白（95）30g、緑（107）3g、青（106）2g、
水色（22）、濃ピンク（114）各少量

[針] かぎ針5/0号

編み方 ＊糸は1本どりで編みます。

1. モチーフを指定の枚数編む。
2. モチーフをつなげる。「つなぐ順番」と「モチーフのつなぎ方・縁編み」を参照し、隣り合うモチーフと合印同士をこま編みでつなぐ。
3. 入れ口の縁編みを編み図のとおりに編む。
4. 紐を編む。同じものを各2本編み、入れ口の2段め、紐通し位置に両側から紐を通し、両端を揃えてひと結びする。

つなぐ順番 合印同士をつなぐ
モチーフを図のように配置し、指定の糸で
[モチーフのつなぎ方]を参照し編みつなぐ。

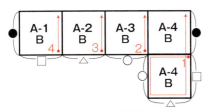

∕ ＝糸をつける ◯＝くさり編み
∕ ＝糸を切る ●＝引き抜き編み
× ＝こま編み
┬ ＝中長編み
╁ ＝長編み
╪ ＝長々編み
⋏ ＝長編み2目一度
⋎ ＝長編み2目編み入れる
⋎⋎ ＝長編み3目編み入れる

できあがりサイズ

モチーフのつなぎ方・縁編み
モチーフを外表に合わせ、隣り合うモチーフと合印をこま編みでつなぐ。A：ミント、B：白

紐通し位置

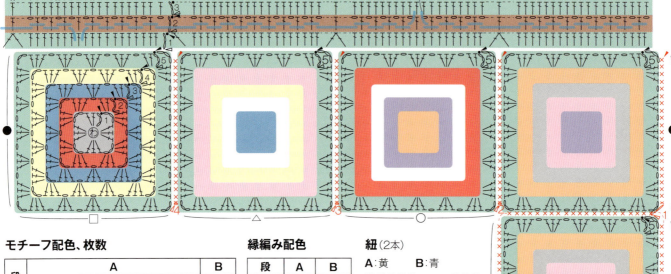

モチーフ配色、枚数

段	A				B
	A-1：1枚	A-2：1枚	A-3：1枚	A-4：2枚	5枚
5	ミント	ミント	ミント	ミント	白
4	黄	ピンク	赤	オレンジ	緑
3	紺	黄	白	グレー	緑
2	赤	白	紫	ピンク	濃ピンク
1	グレー	紺	オレンジ	紫	水色

縁編み配色

段	A	B
3・4	ミント	白
2	茶	濃ピンク
1	ミント	白

― 紐通し位置

紐（2本）
A：黄　B：青

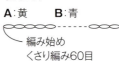

編み始め
くさり編み60目

no.08 まんまるがま口 P.36

[糸] ハマナカ ウオッシュコットン《クロッシェ》(25g玉巻)
　　クリームイエロー(141) 9g
　　白(101) 5g
　　薄紫(148) 4g
[針] かぎ針3/0号
[その他] ハマナカ 編みつける口金(くし形)
　　金(H207-022-1) 1組

編み方 ＊糸は1本どりで編みます。

① モチーフを2枚編む。4段め、7段めの「こま編み3目編み入れる」は、それぞれ前々段の玉編みの頭を拾って編む。
② 編み地2枚を外表に合わせ、指定の位置を巻きかがる。
③ 口金を編みつける。「口金の拾い位置」を参照し、入れ口と口金の合印同士を拾い、縁編みを編む。

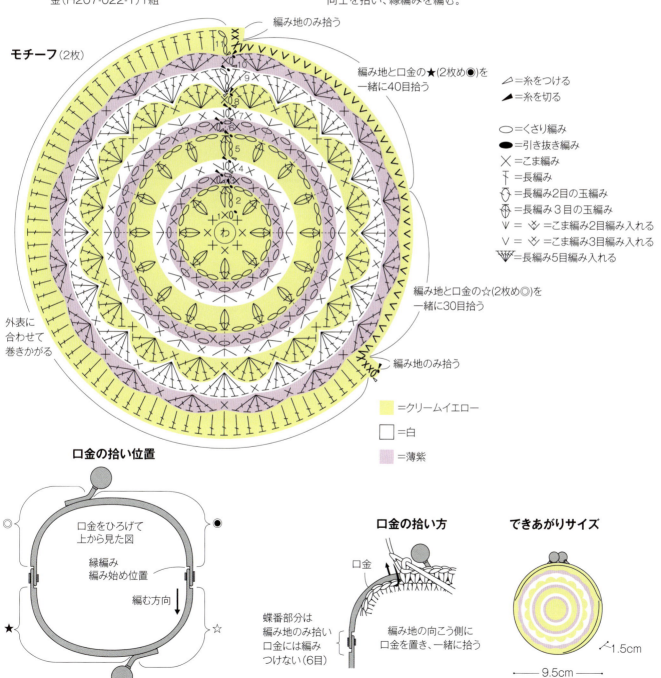

How to make

no.09 六角グラニーバッグ P.37

[糸] ハマナカ エコアンダリヤ（40g玉巻）
　　グレイッシュピンク（54）110g
　　レトロピンク（71）80g
[針] かぎ針6/0号

編み方 ＊糸は1本どりで編みます。

1. モチーフを7枚編む。
2. モチーフをつなげる。「モチーフのつなぎ方・縁編み」を参照し、隣り合うモチーフと合印同士を引き抜き編みで番号順につなぐ。
3. 続けて入れ口の縁編みをバックこま編みで編む。
4. 持ち手を編む。「持ち手の作り方」を参照し、持ち手を作り、本体の指定の位置にとじ針で縫いつける。

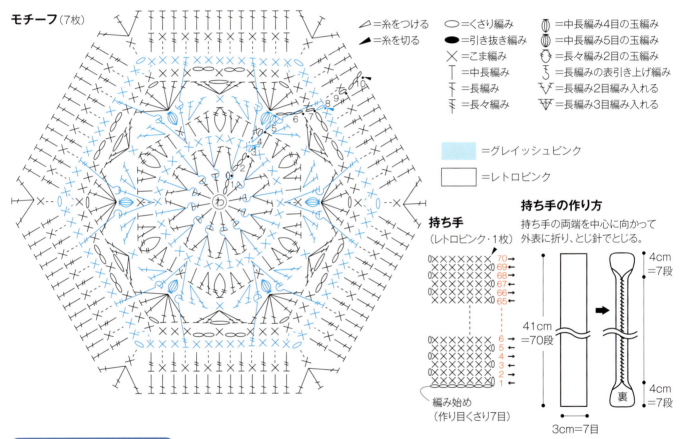

重なる編み図の編み方　※糸の色を変えて編んでいます。

1 3段めの長編みの表引き上げ編みは、1段めの長編みの足に矢印のように針を入れて編む。

2 3段めが編めたところ。

3 4段めが編めたところ。

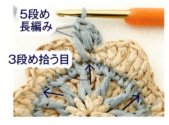

4 5段めの長編みは、3段めのこま編みの頭（青矢印）を拾って、4段めを編みくるんで編む。

モチーフのつなぎ方・縁編み

モチーフを図のように配置し、グレイッシュピンクの糸で引き抜き編みで番号順に編みつなぐ。

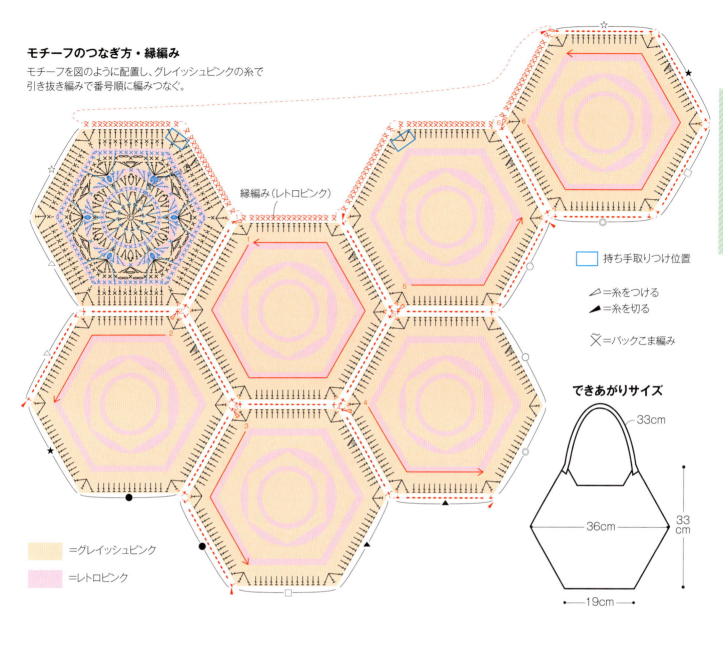

□ = 持ち手取りつけ位置

✎ = 糸をつける
▶ = 糸を切る
✕ = バックこま編み

できあがりサイズ

■ = グレイッシュピンク
■ = レトロピンク

PART2 モチーフ編みの小物

5 5段めが編めたところ。

6 6、7段めが編めたところ。

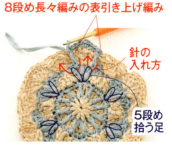

8段め長々編みの表引き上げ編み
針の入れ方
5段め拾う足

7 8段めの長々編みの表引き上げ編みは、5段めの長編みの足を矢印のように拾って編む。

8 8段めが編めたところ。

How to make

no.10 カラフルスマホショルダー　P.38

[糸] リッチモア パーセント（40g玉巻）
ピンク(72) 10g、バイオレット(52) 8g、
薄緑(36) 6g、エメラルドグリーン(109) 6g、
オレンジ(102) 6g、白(1) 5g、グレー(93) 5g、
濃紺(47) 5g

[針] かぎ針5/0号

編み方 ＊糸は1本どりで編みます。

① モチーフの**A**を1枚編む。
② 2枚め以降は「モチーフ配置図」を参照し、最終段で隣り合うモチーフに編みつなぎながら、番号順に編む。
③ モチーフから目を拾い、入れ口の縁編みを3段編む。
④ ショルダー紐を編む。糸端を約30cm残して編み始め、編み図のとおりに編んだら、編み終わりの糸を約30cm残してカットする。
⑤ 残した糸をとじ針に通し、入れ口の両サイドにとじつける。

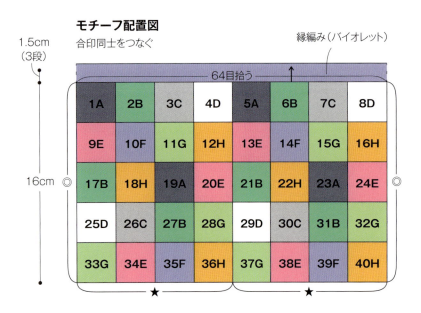

配色		
A (4枚)	濃紺	
B (6枚)	エメラルドグリーン	
C (4枚)	グレー	
D (4枚)	白	
E (6枚)	ピンク	
F (4枚)	バイオレット	
G (6枚)	薄緑	
H (6枚)	オレンジ	

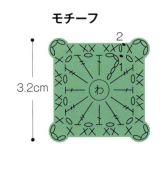

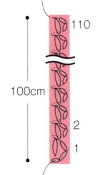

○＝くさり編み
●＝引き抜き編み
×＝こま編み
⊤＝長編み
⊤＝長々編み
◯＝中長編み2目の玉編み

モチーフのつなぎ方・縁編み

◖=糸をつける　✕=こま編みのすじ編み
◣=糸を切る

PART 2　モチーフ編みの小物

How to make

no.11 X模様のスマホショルダー P.39

[糸]ハマナカ ウオッシュコットン《クロッシェ》(25g玉巻)
　水色(135)25g
　ハマナカ ウオッシュコットンクロッシェ《ラメ》(25g玉巻)
　白(401)18g
[針]かぎ針3/0号

編み方 ＊糸は1本どりで編みます。

❶モチーフのAを1枚編む。
❷2枚め以降は「モチーフ配置図」を参照し、最終段で隣り合うモチーフに編みつなぎながら、番号順に編む。
❸モチーフから目を拾い、入れ口の縁編みを3段編む。
❹ショルダー紐を編む。糸端を約30cm残して編み始め、編み図のとおりに編んだら、編み終わりの糸を約30cm残してカットする。
❺残した糸をとじ針に通し、入れ口の両サイドにとじつける。

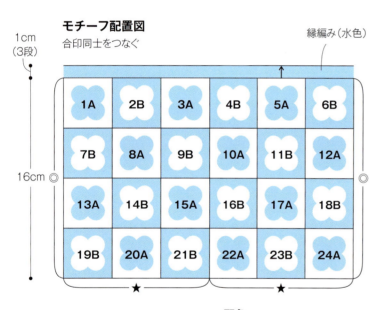

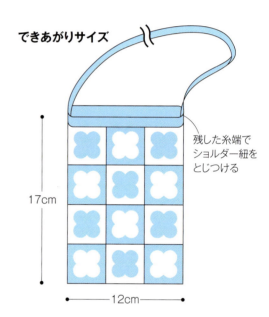

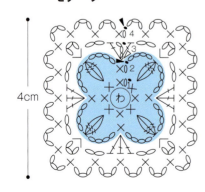

配色

段数	A(12枚)	B(12枚)
3・4	白	水色
1・2	水色	白

／＝糸をつける
／＝糸を切る
○＝くさり編み
●＝引き抜き編み
✕＝こま編み
∧=⌃＝こま編み2目一度
∨=⩔＝こま編み2目編み入れる
┬＝長編み
▽＝長編み3目編み入れる
◈＝長編み3目の玉編み
◈＝長々編み3目の玉編み
◠＝こま編み、くさり編み3目、こま編み、の順に編む

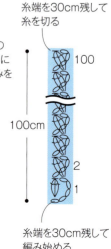

モチーフのつなぎ方・縁編み

How to make

no. 12 マンダラ模様の巾着 P.40

[糸]ハマナカ ウオッシュコットン(40g玉巻)
A：ベージュ(3)40g
　ピンク(8)25g
　白(1)25g
　ライトグリーン(37)15g
B：ライトブルーグレー(44)55g
　オフホワイト(2)40g
　イエロー(27)25g

[針]かぎ針4/0号

編み方 ＊糸は1本どりで編みます。

❶モチーフを編む。5段めはこま編み、くさり編み4目の後、3段めの「長編み2目の玉編み」と「長編み2目の玉編み」の間にこま編みを編み入れる。**1、2**の配色でモチーフを各2枚編む。

❷モチーフを半目の巻きかがりでつなぐ。

❸底を編む。「組み立て方」(P.90)を参照し、本体の合印同士と合わせ、半目の巻きかがりでつなぐ。

❹モチーフから目を拾い、入れ口の縁編みを4段編む。

❺紐のパーツを編む。スレッドコードで紐を各2本、ループエンドを各2個編む。

❻入れ口の3段め、紐通し位置に両側から紐を通し、両端をループエンドでつつむ。ループエンドの編み終わりで残した糸をとじ針に通し、紐にとじつける。

モチーフ

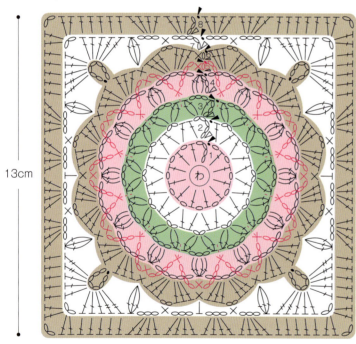

13cm

╱ =糸をつける
╲ =糸を切る

◯ =くさり編み
● =引き抜き編み
✕ =こま編み
T =中長編み
┼ =長編み
┼ =長々編み
V =長編み2目編み入れる
V =長編み3目編み入れる
V =長編み4目編み入れる
◊ =長編み2目の玉編み
◊ =長編み3目の玉編み
◊ =長編み4目の玉編み
∧ =こま編み2目一度

ループエンド(2個)

糸端を20cm残して糸を切る

ループエンドの配色

A	ピンク
B	イエロー

紐(スレッドコード・2本)

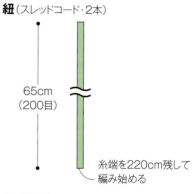

65cm (200目)

糸端を220cm残して編み始める

紐の配色

A	ライトグリーン
B	オフホワイト

モチーフの配色

段数	A 1(2枚)	A 2(2枚)	B 1(2枚)	B 2(2枚)
8	ベージュ	ベージュ	ライトブルーグレー	オフホワイト
7	白	ピンク	オフホワイト	ライトブルーグレー
6	ベージュ	白	ライトブルーグレー	オフホワイト
5	白	ライトグリーン	オフホワイト	イエロー
4	ピンク	ベージュ	イエロー	ライトブルーグレー
3	ライトグリーン	白	ライトブルーグレー	オフホワイト
2	白	ピンク	オフホワイト	イエロー
1	ピンク	ライトグリーン	イエロー	ライトブルーグレー

底(1枚)

糸端を180cm残して切る

∕ = 糸をつける
◢ = 糸を切る
V = ⩔ = こま編み2目編み入れる

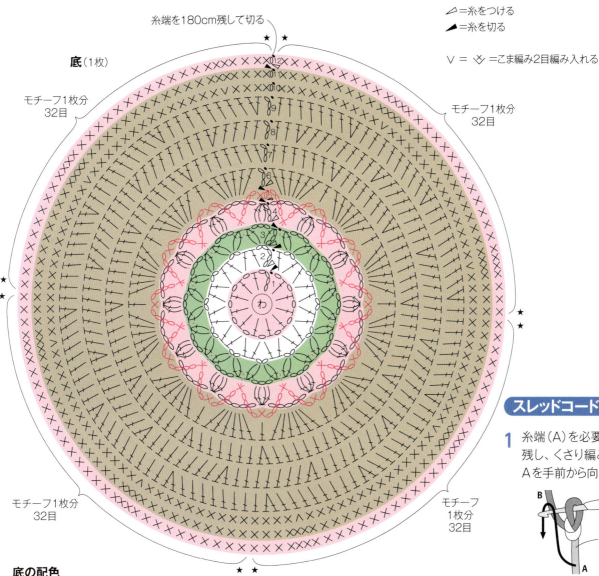

モチーフ1枚分 32目

底の配色

段数	目数	増減数	A	B
12	128目	増減なし	ピンク	イエロー
11	128目			
10	128目	+8目	ベージュ	ライトブルーグレー
9	120目	+12目		
8	108目			
7	96目			
6	84目			
5	12模様	図参照	白	オフホワイト
4			ピンク	イエロー
3			ライトグリーン	ライトブルーグレー
2			白	オフホワイト
1	わの作り目に長編みと鎖編みを編み入れる		ピンク	イエロー

スレッドコードの編み方

1 糸端(A)を必要な長さの3倍残し、くさり編みを1目編む。Aを手前から向こうにかける。

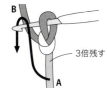

2 Bを針にかけて引き抜く。

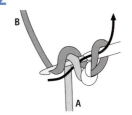

3 1、2をくり返し、指定の長さまで編む。

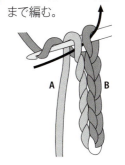

P.90へ続く

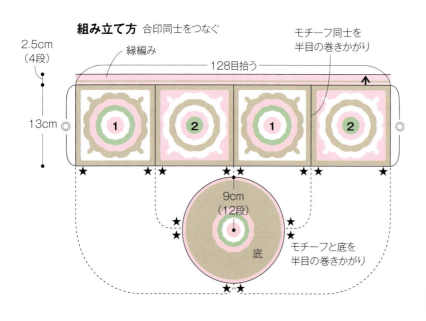
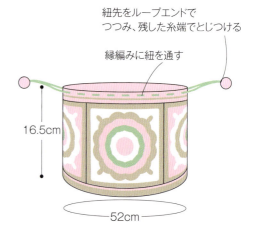

縁編みの配色

段数	A	B
3・4	ピンク	ライトブルーグレー
2	ベージュ	オフホワイト
1	ピンク	イエロー

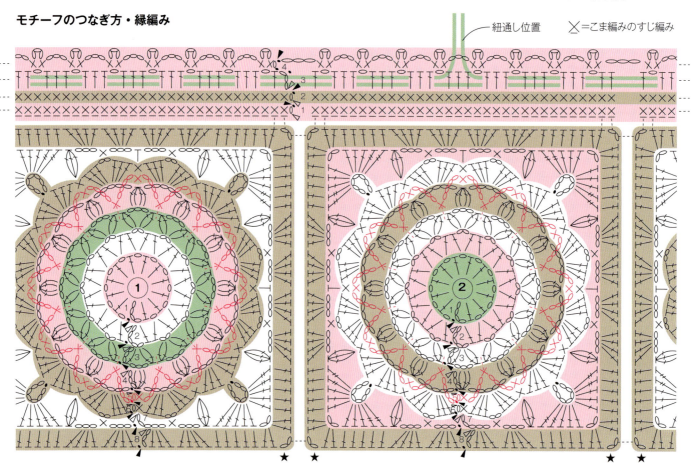

no. 14.15

2色のネックウォーマー
3色のネックウォーマー

P.43

 A

 B

[糸] A：ハマナカ アメリー（40g玉巻）
　　　ダークネイビー（53）65g
　　　ピュアホワイト（51）65g
　　　グリーン（14）65g
　　B：ハマナカ アメリー（40g玉巻）
　　　バーミリオン（55）115g
　　　ハマナカ ソノモノ ヘアリー（25g玉巻）
　　　ベージュ（122）30g

[針] かぎ針5/0号

編み方　＊糸は1本どりで編みます。

❶モチーフを編む。わの作り目をし、模様編みで3段めまで編む。それぞれ指定の配色で指定の枚数を編む。Bの2色で編むモチーフは、休ませる糸を指定の場所で編みくるみながら編む。

❷モチーフをつなげる。A、Bそれぞれの「モチーフ配色図」を参照し、隣り合うモチーフ同士を全目の巻きかがりでつなぐ。

❸Aは◎同士、Bは☆同士を外表にして合わせ、全目の巻きかがりで輪につなぐ。

❹輪につないだ編み地を内側に折りたたみ、Aは●同士、Bは★同士を合わせ、全目の巻きかがりで輪につなぐ。

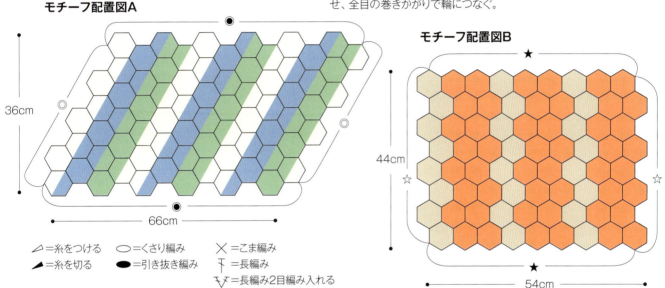

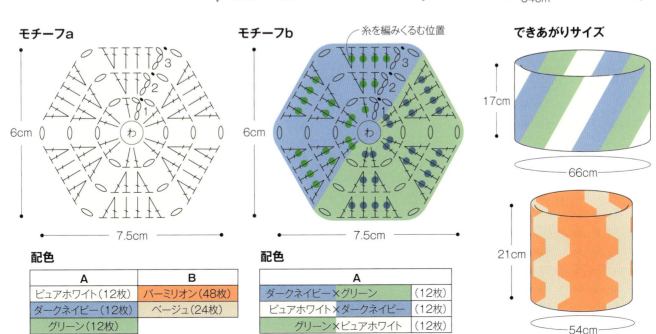

配色

	A	B
ピュアホワイト（12枚）		バーミリオン（48枚）
ダークネイビー（12枚）		ベージュ（24枚）
グリーン（12枚）		

配色

	A
ダークネイビー×グリーン	（12枚）
ピュアホワイト×ダークネイビー	（12枚）
グリーン×ピュアホワイト	（12枚）

How to make

no.13 ビスチェ P.42

[糸] ハマナカ itoa あみぐるみが編みたくなる糸（15g玉巻）
　　ベージュ(319) 70g
　　青(312) 70g
　　パステルグリーン(325) 20g
　　赤(306) 20g
[針] かぎ針4/0号

編み方　＊糸は1本どりで編みます。

① モチーフを1枚編む。6段めの長編みは4段めのくさり編みを束に拾って編む。
② 2枚め以降は「モチーフ配置図」を参照し、最終段で隣り合うモチーフに編みつなぎながら番号順に編む。**10、20、39、42**番のモチーフは合印同士も編みつなぐ。

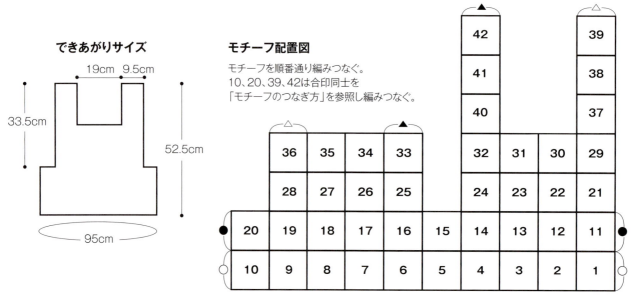

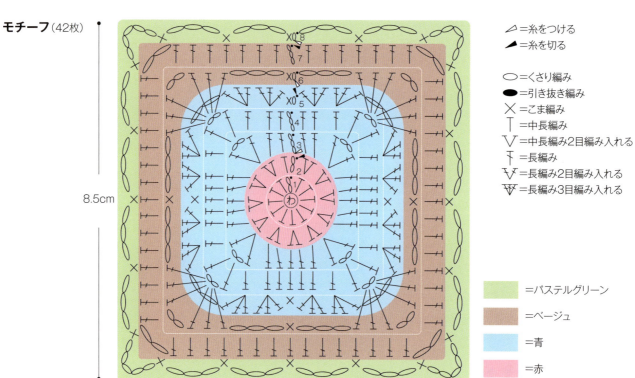

モチーフ(42枚)　8.5cm

凡例:
- ／ ＝糸をつける
- ▲ ＝糸を切る
- ○ ＝くさり編み
- ● ＝引き抜き編み
- × ＝こま編み
- T ＝中長編み
- V ＝中長編み2目編み入れる
- T ＝長編み
- V ＝長編み2目編み入れる
- W ＝長編み3目編み入れる

- ＝パステルグリーン
- ＝ベージュ
- ＝青
- ＝赤

▲、△のつなぎ方

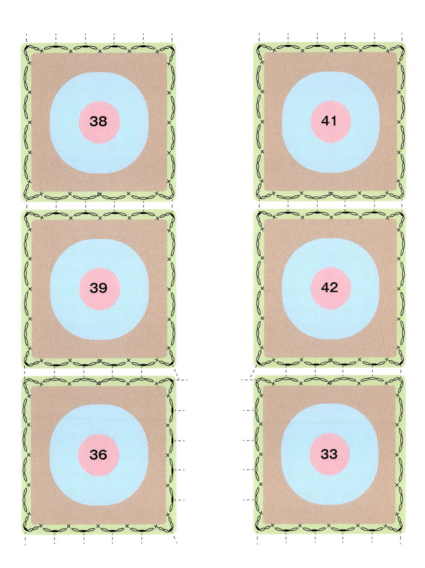

●、○のつなぎ方

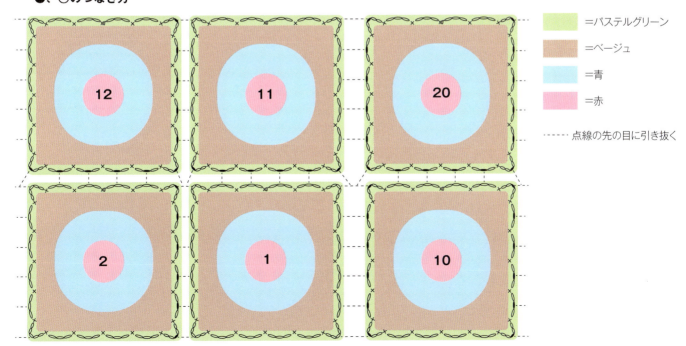

How to make

no.16 ヘアバンド P.44

[糸] ハマナカ ソノモノ アルパカウール（40g玉巻）
　　 ライトキャメル（551）35g
　　 生成り（41）30g
[針] かぎ針7/0号

編み方 ＊糸は1本どりで編みます。

1. モチーフの**A**を1枚編む。
2. 2枚め以降は「モチーフ配置図」を参照し、3段めで編みつなぎながら番号順に編む。
3. ベルトを編む。くさり編み18目で作り目をし、5段めまで編む。本体に巻きつけ、編み終わりで残した糸をとじ針に通し、巻きかがる。

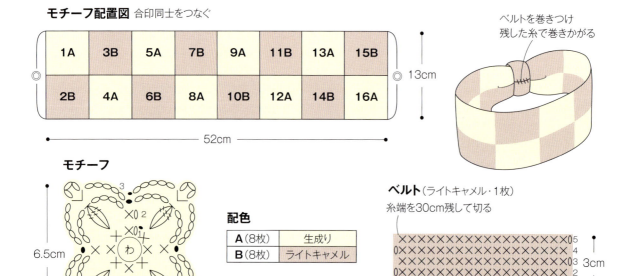

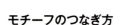

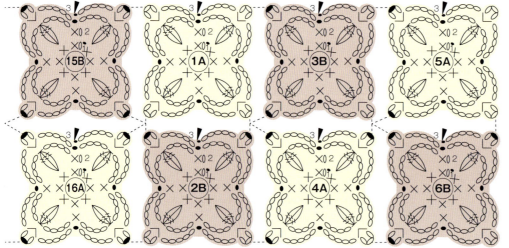

no.19 小花のミニマフラー P.46

[糸]ハマナカ アメリーエフ《合太》(30g玉巻)
　ナチュラルホワイト(501) 16g
　クリームイエロー(502) 16g
　ピーチピンク(504) 16g
　ライトグリーン(530) 15g
[針]かぎ針4/0号

編み方　＊糸は1本どりで編みます。

❶モチーフを1枚編む。
❷2枚め以降は「モチーフ配置図」を参照し、最終段で隣り合うモチーフに編みつなぎながら指定の配色で番号順に編む。**76、77**番のモチーフは通し口になる部分はつながずに編む。

モチーフ配置図

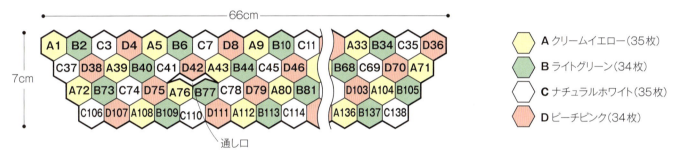

- A クリームイエロー(35枚)
- B ライトグリーン(34枚)
- C ナチュラルホワイト(35枚)
- D ピーチピンク(34枚)

モチーフ

モチーフのつなぎ方

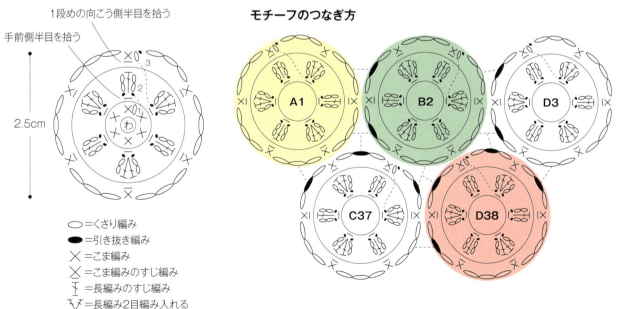

○＝くさり編み
●＝引き抜き編み
×＝こま編み
⋈＝こま編みのすじ編み
╤＝長編みのすじ編み
V＝長編み2目編み入れる

How to make

no. 17.18 ルームシューズ P.45

大人用　子ども用

[糸] ハマナカ アメリー（40g玉巻）
　大人用：ベージュ（21）40g、プラムレッド（32）35g、
　　　　　グレイッシュローズ（26）35g
　子ども用：セラドン（37）25g、ベージュ（21）15g、
　　　　　　ナチュラルブラウン（23）15g
[針] かぎ針7/0号、5/0号
[その他] 大人用：ハマナカ 室内履き用フェルト底
　　　　　　　　（H204-594）1組
　　　　　子ども用：ハマナカ 室内履き用レザー底（こども用）
　　　　　　　　　（H204-631）1組

編み方
＊糸は大人用は7/0号針で2本どり、子ども用は5/0号針で1本どりで編みます。

1. モチーフのA、Bを各8枚編む。
2. モチーフをつなげる。「モチーフ配置図」を参照し、指定の糸で隣り合うモチーフを全目の巻きかがりでつなぐ。底の縁編みを編む。
3. 室内履き用底に大人用は70穴から70目、子ども用は46穴から63目こま編みを編みつけ3段編む（「底拾い位置」参照）。
4. 底の縁編みと3で編みつけたこま編みを指定の糸で巻きかがる。
5. 履き口の縁編みを編む。大人用は1段、子ども用は7段、それぞれ編み図のとおりに編む。

記号:
⟋ =糸をつける
⟍ =糸を切る
○ =くさり編み
● =引き抜き編み
× =こま編み
T =中長編み
V =中長編み2目編み入れる
T =長編み
W =長編み3目編み入れる
=長編みの表引き上げ編み
=長編みの裏引き上げ編み

大人用：モチーフ配色

段数	A（8枚）	B（8枚）
3	2本どり※	ベージュ（2本どり）
1・2	ベージュ（2本どり）	2本どり※

2本どり※
=プラムレッド、グレイッシュローズ各1本を引き揃える

子ども用：モチーフ配色

段数	A（8枚）	B（8枚）
3	セラドン	ベージュ
1・2	ベージュ	セラドン

子ども用：履き口側の縁編み
（ナチュラルブラウン）

1段め拾い位置は大人用と同じ（37目）

モチーフのつなぎ方・縁編み　モチーフ
大人用：6.5cm　子ども用：4.5cm

大人用：履き口側の縁編み（2本どり※）

子ども用は×の目は拾わない（63目・セラドン）

大人用 底の縁編み（70目・2本どり※）

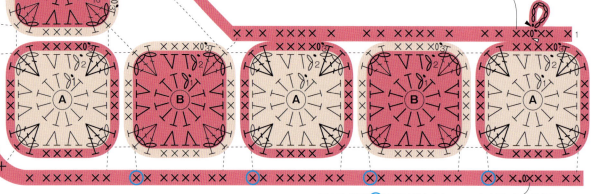

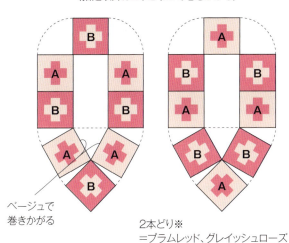
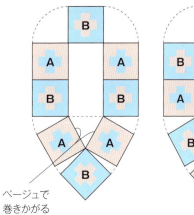
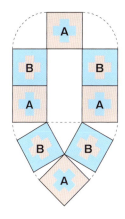
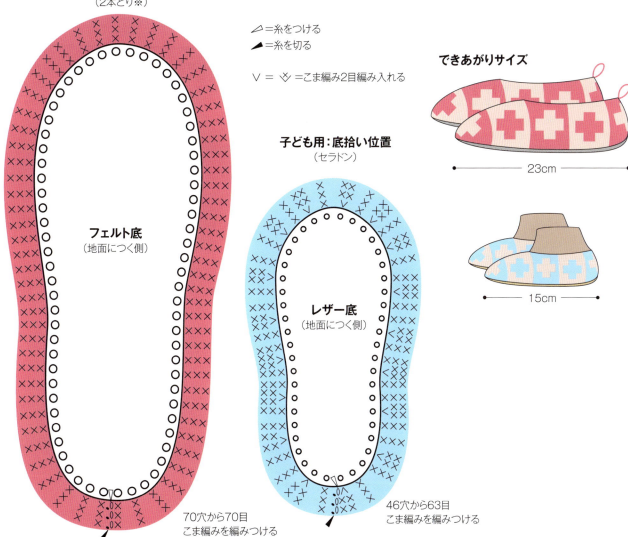

How to make

no. 20 ふんわりスヌード P.46

[糸] ハマナカ アメリーエフ《合太》(40g玉巻)
　　オートミール(521) 52g
　　ナチュラルホワイト(501) 8g
　　クリームイエロー(502) 8g
　　ピーチピンク(504) 8g
　　ライトグリーン(530) 8g
[針] かぎ針4/0号

編み方 ＊糸は1本どりで編みます。

❶モチーフのAを1枚編む。
❷2枚め以降は「モチーフ配置図」と「モチーフのつなぎ方・縁編み」を参照し、最終段で隣り合うモチーフに編みつなぎながら番号順に編む。
❸スヌードの上下にそれぞれ3段の縁編みを編む。

モチーフ配置図
合印同士をつなぐ

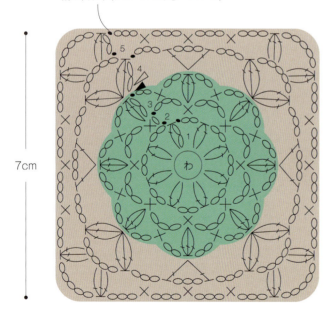

モチーフ
編み終わり（チェーンつなぎ→P.143）

╱ =糸をつける
◤ =糸を切る
◯ =くさり編み
● =引き抜き編み
✕ =こま編み
† =長編み
♢ =長編み2目の玉編み
♦ =長編み3目の玉編み

できあがりサイズ

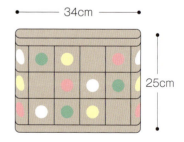

配色

段数	A(6枚)	B(6枚)	C(6枚)	D(6枚)	E(6枚)
4・5	オートミール	オートミール	オートミール	オートミール	オートミール
1～3	ライトグリーン	オートミール	ナチュラルホワイト	クリームイエロー	ピーチピンク

モチーフのつなぎ方・縁編み

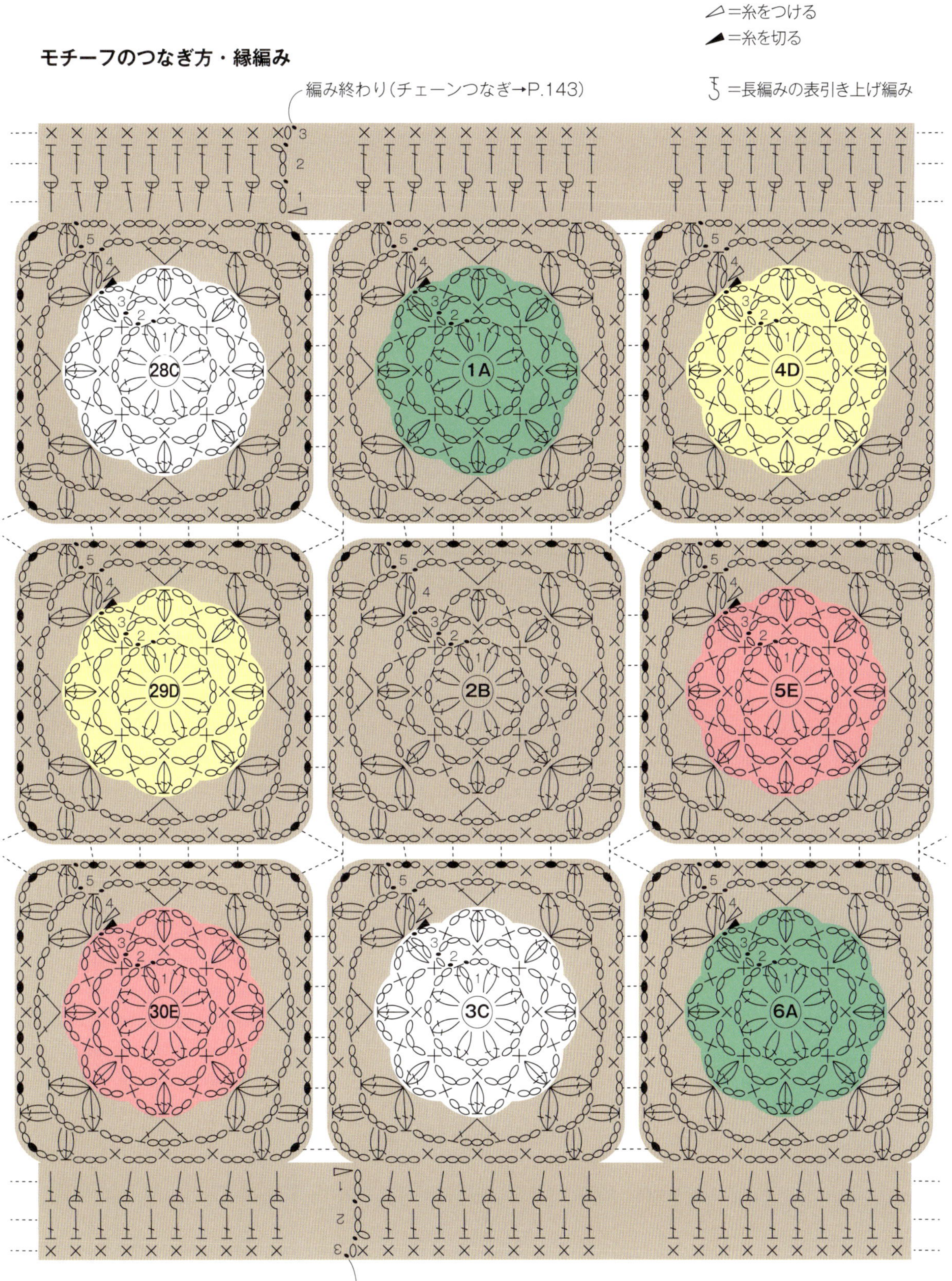

▽=糸をつける
▲=糸を切る
=長編みの表引き上げ編み
編み終わり(チェーンつなぎ→P.143)
28C
1A
4D
29D
2B
5E
30E
3C
6A
編み終わり(チェーンつなぎ→P.143)

How to make

no. 21 花モチーフのヘアピン、ヘアゴム、コサージュ　P.48

[糸] ハマナカ ウオッシュコットン《クロッシェ》(25g 玉巻)
　　白(101)
　　　ヘアピンA：1g、**ヘアゴムA**：5g、
　　　コサージュA：14g
　　ハマナカ ソノモノ ヘアリー (25g 玉巻) 生成り(121)
　　　ヘアピンB：1g、**ヘアゴムB**：3g、
　　　コサージュB：7g
[針] かぎ針6/0号
[その他] 手芸用接着剤
　　ヘアピン：台座つきヘアピン(台座8mm)各1個、
　　ペップ(花芯)白 各10本、瞬間接着剤
　　ヘアゴム：リングヘアゴム (茶)各1個、ペップ(花
　　芯)グレー 各10本、縫い針、縫い糸(茶)少々
　　コサージュ：ブローチピン(2.5cm)各1個、ペッ
　　プ(花芯)ゴールド 各10本、瞬間接着剤

編み方　＊ウオッシュコットン《クロッシェ》
は2本どり、ソノモノヘアリー
は1本どりで編みます。

❶ヘアピンはモチーフ**1**を1枚、ヘアゴムはモチーフ**1**と**2**を1枚ずつ、コサージュはモチーフ**1**～**3**を1枚ずつ編む。
❷「組み立て方」を参照し、組み立てる。※金属パーツにつける際は瞬間接着剤を使用。

○=くさり編み　　丁=長編み
●=引き抜き編み　ⴸ=長編み2目編み入れる
✕=こま編み　　　ᚎ=長々編み
丅=中長編み　　　ⴸ=長々編み2目編み入れる
ⴸ=中長編み2目編み入れる

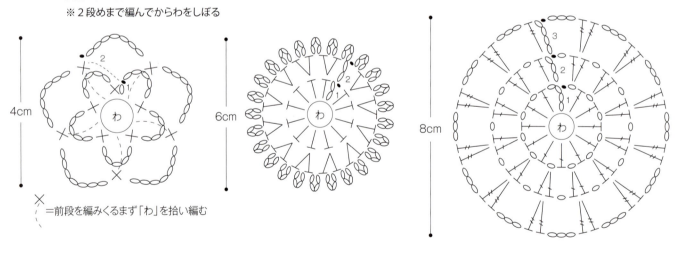

組み立て方

no.22 バラモチーフのヘアピン、ヘアゴム P.48

[糸]ハマナカ フラックスK(25g玉巻)
   ヘアピンA：ライトグレー(14)2g、生成り(11)1g
   ヘアゴムA：ダークグレー(201)2g、
            ライトグレー(14)2g、生成り(11)1g
   ハマナカ 純毛中細(40g玉巻)
   ヘアピンB：赤(10)2g、生成り(1)1g
   ヘアゴムB：赤(10)2g、グレー(27)1g、生成り(1)1g
[針]かぎ針2/0号
[その他]手芸用接着剤、縫い針、縫い糸(赤、グレー) 少々
   ヘアピン：台座つきヘアピン(台座8mm)各1個、
         パールビーズ(直径4mm)各2個、瞬間接着剤
   ヘアゴム：リングヘアゴム(茶)各1個、パールビー
         ズ(直径4mm)各1個、縫い糸(茶) 少々

【編み方】

❶ヘアゴムは花びらのモチーフを9枚(バラ1)、ヘアピンは花びらのモチーフを8枚(バラ2)編みつなぐ。

❷花びらを組み立てる。編み始め側から花びらを巻き、形を整えて根元をとじ針で縫いとめる。手芸用接着剤で中心にパールビーズをつける。

❸葉っぱのモチーフをヘアゴムは2枚、ヘアピンは1枚編み、手芸用接着剤で葉っぱの編み始め部分を花の根元に固定する。

❹「組み立て方」を参照し、組み立てる。※金属パーツにつける際は瞬間接着剤を使用。

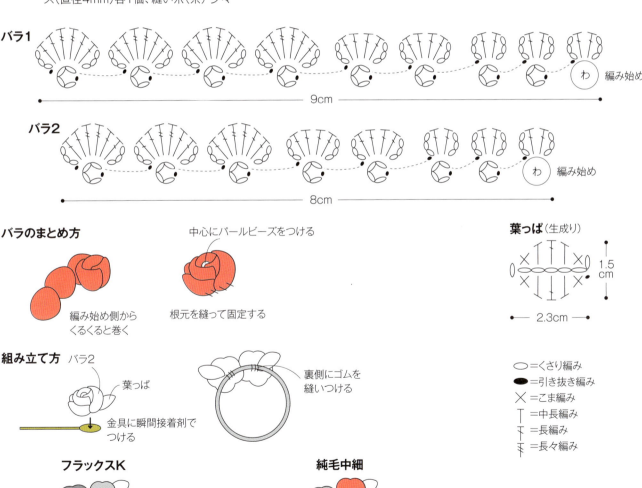

How to make

no.23 小花のピアス P.48

[糸] ハマナカ ウオッシュコットンクロッシェ《ラメ》(25g玉巻)
　　　ライトグレー(404)各1g
　　　ハマナカ ウオッシュコットン《クロッシェ》(25g玉巻)
　　A：赤(145)1g、B：青(124)1g
[針] かぎ針2/0号
[その他] 手芸用接着剤、瞬間接着剤
　　　台座つきピアス(8mm)各1組
　　　パールビーズ(直径3mm)各2個

編み方 ＊糸は1本どりで編みます。

1. Aは花Aを、Bは花Bを各2枚編む。手芸用接着剤で中心にパールビーズをつける。
2. 葉っぱのモチーフを各2枚編む。手芸用接着剤でわの部分を花の裏面につける。
3. 組み立てる。瞬間接着剤でピアスの台座に②の裏側をつける。※金属パーツにつける際は瞬間接着剤を使用。

手芸用接着剤で中心にパールビーズをつける
裏側に葉っぱを手芸用接着剤でつける
台座つきピアスに瞬間接着剤でつける

花A(赤・2枚)
編み終わり(チェーンつなぎ→P.143) V=⩔=こま編み2目編み入れる
1.3cm

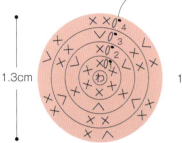

花B(青・2枚)
1.5cm

葉っぱ(ライトグレー・各2枚)
1.2cm

○=くさり編み
●=引き抜き編み
×=こま編み
V=⩔=こま編み2目編み入れる
┬=長編み
=長々編み2目の玉編み

no.24 レース風つけ襟 P.50

[糸] ハマナカ ウオッシュコットン《クロッシェ》(25g玉巻)
　　　白(101)35g
[針] かぎ針3/0号
[その他] ボタン(直径1cm ゴールド)1個

編み方 ＊糸はモチーフは1本どり、縁編みは2本どりで編みます。

1. モチーフを1枚編む。
2. 2枚め以降は「モチーフのつなぎ方・縁編み」を参照し、最終段で隣り合うモチーフに編みつなぎながら10枚編む。
3. モチーフから目を拾い、2本どりで4段の縁編みを編む。
4. 縁編みの最後にくさり編み7目でボタンホールを編む。指定の位置にボタンを縫いつける。

モチーフ(10枚)
5.5cm

できあがりサイズ

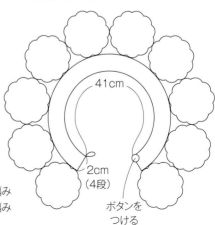

41cm
2cm(4段)
ボタンをつける

○=くさり編み
●=引き抜き編み
×=こま編み
┬=中長編み
┬=長編み
=中長編み3目の玉編み
=中長編み4目の玉編み

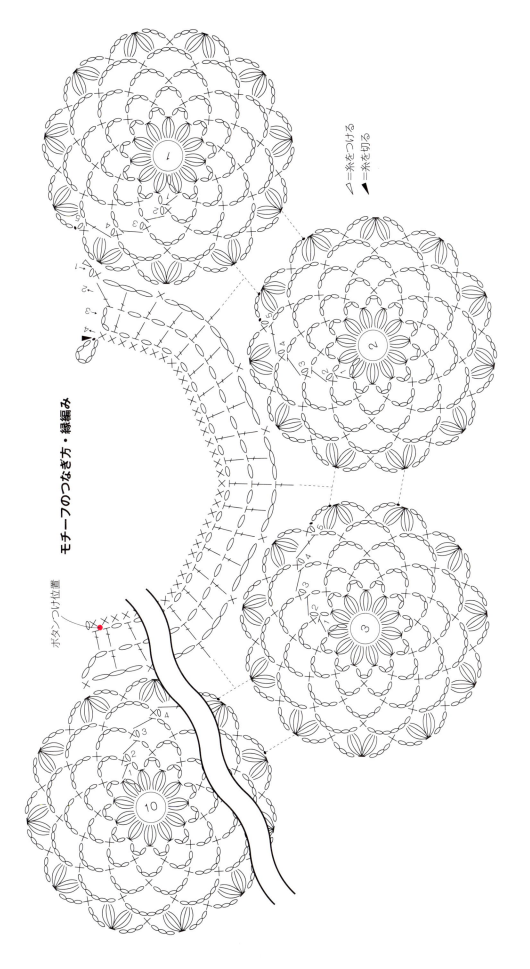

How to make

no.25 バラクラバ P.51

[糸] ハマナカ アメリーエル《極太》(40g玉巻)
　　生成り(101)110g、ピンクベージュ(102)50g、
　　チャコールグレー(111)50g、ピンク(105)30g、
　　黄緑(114)30g

[針] かぎ針10/0号

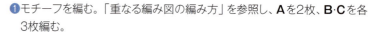

編み方 ※糸は1本どりで編みます。

1. モチーフを編む。「重なる編み図の編み方」を参照し、**A**を2枚、**B・C**を各3枚編む。
2. モチーフをつなげる。「モチーフのつなぎ方」を参照し、モチーフを外表に合わせ、それぞれの外側半目を拾い、隣り合うモチーフと合印同士を生成りの糸でこま編みでつなぐ。

モチーフ

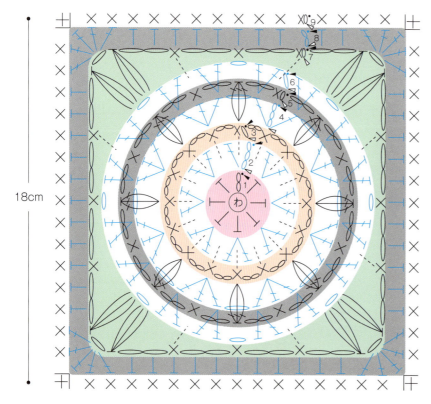

18cm

記号：
- ／=糸をつける
- ▲=糸を切る
- ○=くさり編み
- ●=引き抜き編み
- ×=こま編み
- ⩔=こま編み2目編み入れる
- ┬=中長編み
- 𝑇=長編み
- ⩗=長編み2目編み入れる
- ⩙=長編み3目編み入れる
- ◍=中長編み3目の玉編み
- ⬗=長編み3目の玉編み

配色

段数	A(2枚)	B(3枚)	C(3枚)
9	生成り	生成り	生成り
8	チャコールグレー	ピンクベージュ	ピンク
7	黄緑	黄緑	チャコールグレー
6	生成り	生成り	ピンクベージュ
5	チャコールグレー	チャコールグレー	生成り
4	生成り	生成り	ピンクベージュ
3	ピンクベージュ	ピンク	ピンク
2	生成り	生成り	黄緑
1	ピンク	ピンクベージュ	チャコールグレー

重なる編み図の編み方 ※糸の色を変えて編んでいます。

1 5段めの長編み3目の玉編みは、3段めのこま編みの頭を拾って、4段めのくさり編み1目を編みくるんで編む。

2 5段めが編めたところ。

3 6段めの長編み2目編み入れるは、4段めの長編みの頭を拾って、5段めのくさり編み2目を編みくるんで編む。

4 6段めが編めたところ。

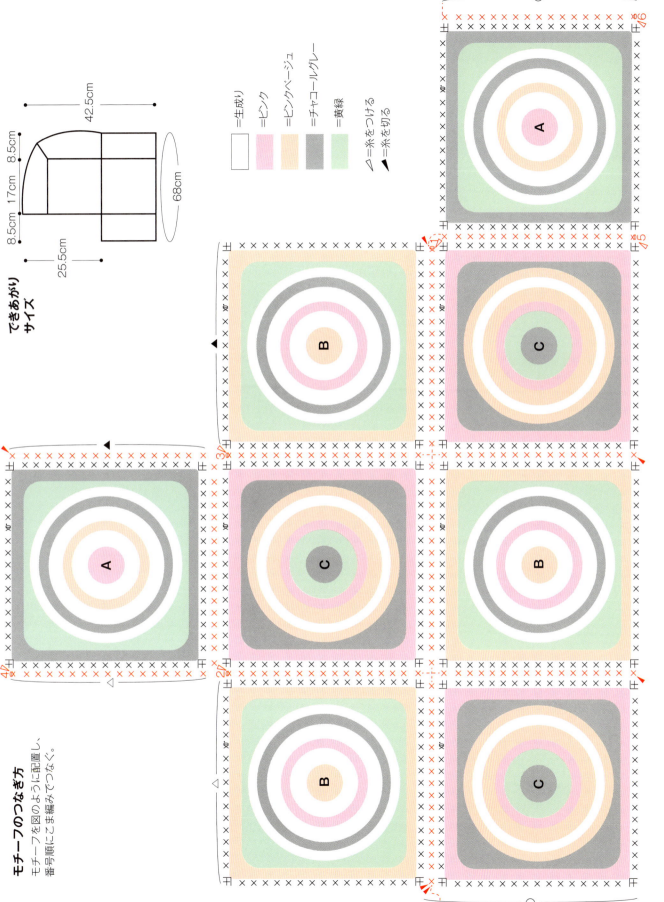

How to make

no.26.27 おそろいニット帽　大人用・子ども用
(2〜4歳用) P.52

大人用　子ども用

[糸] ハマナカ アメリー（40g玉巻）
大人用：グレー（22）72g、ナチュラルホワイト（20）11g、セラドン（37）9g
子ども用：バーミリオン（55）61g、ナチュラルホワイト（20）10g、ライラック（42）7g

[針] かぎ針5/0号

編み方　＊糸は1本どりで編みます。

❶モチーフを1枚編む。
❷2枚め以降は、最終段で隣り合うモチーフに編みつなぎながら番号順に編み、最後は最初のモチーフと輪につなぐ。
❸モチーフの上部から目を拾い、長編みを編み、最終段に糸を通してしぼる。
❹モチーフの下部から目を拾い、編み図のとおりに編む。

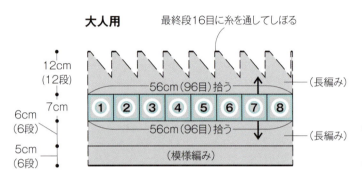

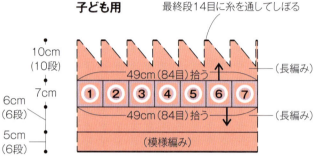

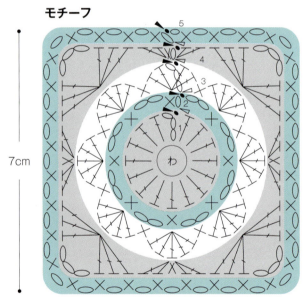

/ =糸をつける　　○=くさり編み
/ =糸を切る　　●=引き抜き編み
　　　　　　　　×=こま編み
　　　　　　　　T=中長編み
　　　　　　　　下=長編み
　　　　　　　　▽=長編み3目編み入れる
　　　　　　　　▽=長編み5目編み入れる

配色

段数	大人用（8枚）	子ども用（7枚）
5	セラドン	ライラック
4	グレー	バーミリオン
3	ナチュラルホワイト	ナチュラルホワイト
2	セラドン	ライラック
1	グレー	バーミリオン

しぼり止め方

1　糸を20cm程度残してカットし、最終段の頭に手前側から針を入れる。

2　全ての目に糸を通したら、糸を引いてしぼる。

3　裏側に針を出して玉留めをし、裏側で糸始末をする。

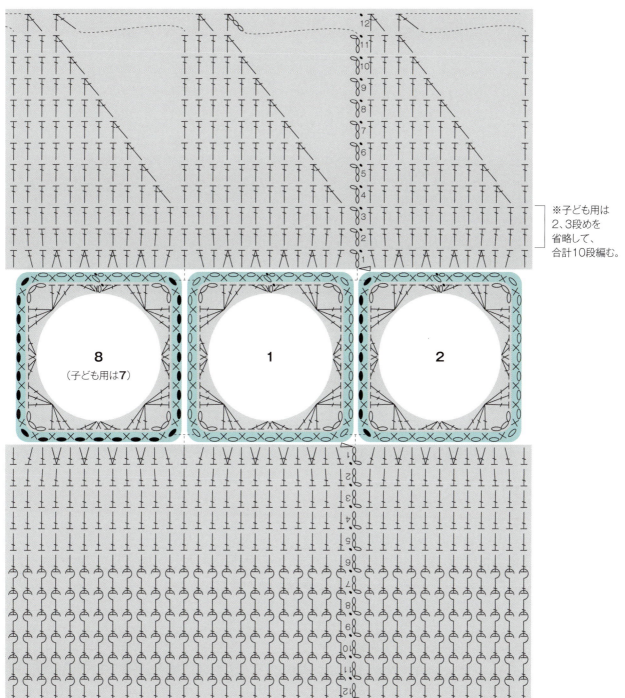

no.28 おそろいマフラー P.53

[糸] ハマナカ アメリーエフ《合太》(30g玉巻)
　　グレージュ(522) 33g
　　ナチュラルホワイト(501) 23g
　　セラドン(528) 23g
[針] かぎ針4/0号

編み方 ＊糸は1本どりで編みます。

1. モチーフを1枚編む。
2. 2枚め以降は「モチーフ配置図」を参照し、最終段で隣り合うモチーフに編みつなぎながら番号順に編む。
3. モチーフから目を拾い、裏側を見て縁編みを編む。

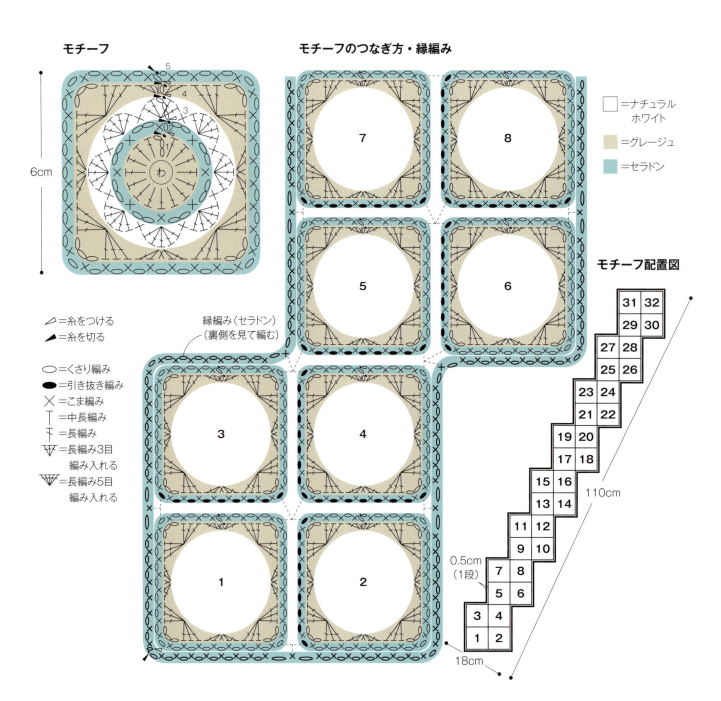

no.33 三角ガーランド P.59

[糸] ハマナカ アメリー（40g玉巻）
　　ベージュ（21）18g
　　コーラルピンク（27）18g
　　ヴァージニアブルーベル（46）18g
　　ハマナカ ウオッシュコットン《クロッシェ》（25g玉巻）
　　白（101）2g
[針] かぎ針5/0号

編み方　＊糸は1本どりで編みます。

❶モチーフを編む。3色で各3枚編む。
❷飾り紐を編む。白の糸でくさり編み8目を輪にして編み始め、くさり編みでモチーフの角の裏山を拾いながら配色表①～③の順につなぐ。

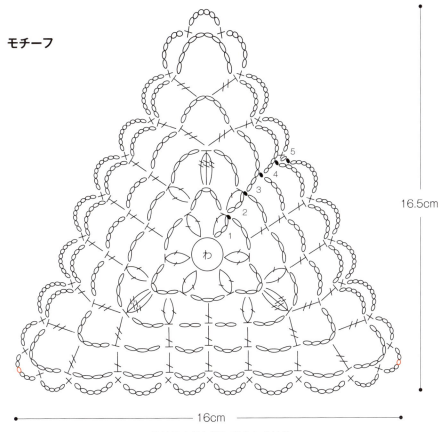

モチーフ

16.5cm
16cm

○＝くさり編み
●＝引き抜き編み
×＝こま編み
┼＝長編み
╈＝長々編み
◯＝長編み2目の玉編み
◉＝長々編み3目の玉編み

配色

①コーラルピンク	3枚
②ベージュ	3枚
③ヴァージニアブルーベル	3枚

○ 飾り紐を編む際に裏山から拾う

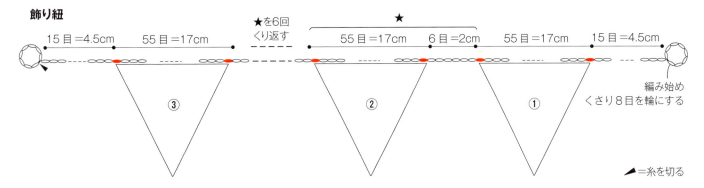

飾り紐

● 一旦針を外し、モチーフの5段めの ○ の裏山に針を入れてくさりを拾ってつなぐ。

How to make

no.29 大人ハット P.54

[糸] ハマナカ エコアンダリヤ（40g玉巻）
　　 ベージュ（23）135g

[針] かぎ針6/0号

編み方 ＊糸は1本どりで編みます。

① トップを1枚、モチーフAを6枚、Bを8枚編む。
② モチーフをつなげる。「モチーフ配置図」を参照して、隣り合うモチーフの外側半目を拾い、巻きかがる。トップ、側面、ブリムを同様に外側半目の巻きかがりでつなぐ。
③ ブリムから176目を拾い、こま編みのすじ編みで縁編みを編む。

モチーフ配置図

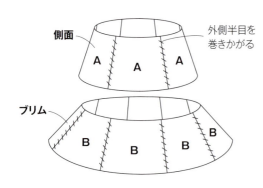

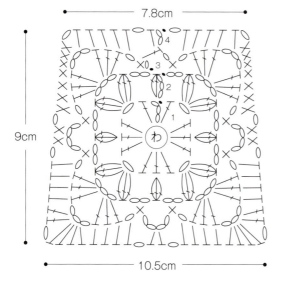

モチーフA（6枚）

モチーフB（8枚）

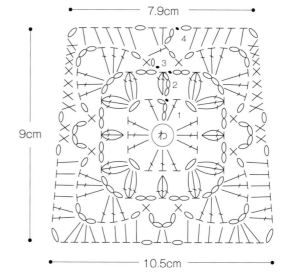

○ ＝くさり編み
● ＝引き抜き編み
× ＝こま編み
T ＝中長編み
V ＝中長編み2目編み入れる
W ＝中長編み4目編み入れる
┬ ＝長編み
V ＝長編み2目編み入れる
V ＝長編み3目編み入れる
◯ ＝長編み2目の玉編み
◈ ＝長編み3目の玉編み

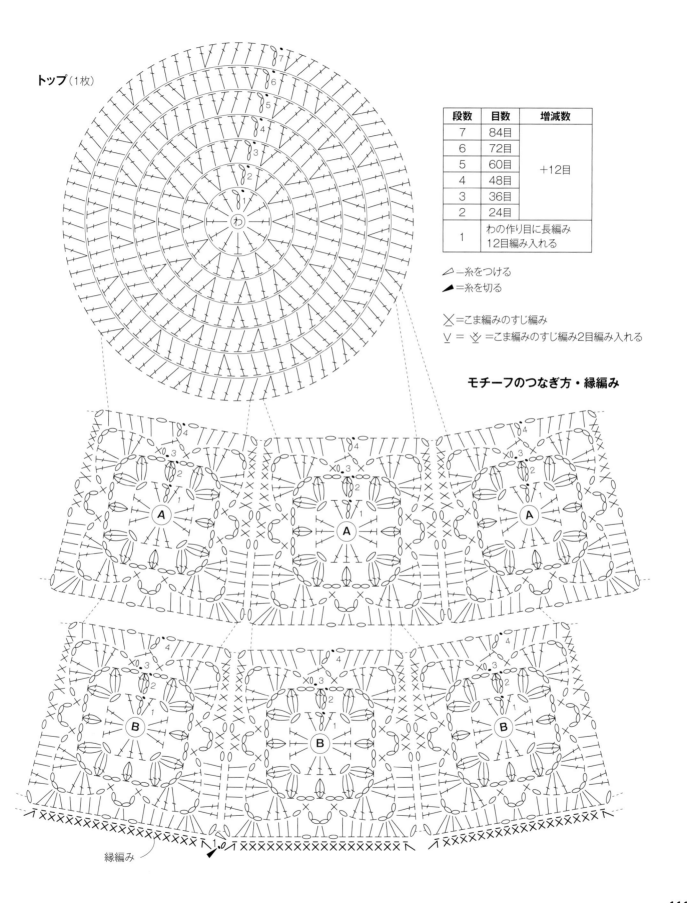

How to make

no. 30 子どもハット (2〜4歳用) P.55

[糸] ハマナカ エコアンダリヤ (40g玉巻)
　　ネイビー (57) 31g
　　白 (1) 31g
　　レモンイエロー (11) 9g
[針] かぎ針5/0号

サイズ変更の仕方

※編む人の手かげんにもよるので、モチーフを1枚編んで、長さを測ってから調整しましょう。

4〜6歳用（頭周り+2〜3cm）
　1号大きな針で編む。

大人用（頭周り+6〜7cm）
- モチーフの段数を1段増やす。その際、四隅のこま編みにはこま編みを2目編む。
- トップは16、17段めで6目ずつ増やし、18、19段めは増減なしで編む (102目)。
- ブリムは好みの長さになるまで適宜目を増やしながら、段数を増やす。

編み方 ＊糸は1本どりで編みます。

1. トップを1枚、モチーフを6枚編む。
2. モチーフをつなげる。モチーフ6枚を外表に配置し、隣り合うモチーフの外側半目を拾い、巻きかがる。トップと側面上の辺を同様に外側半目の巻きかがりでつなぐ。
3. 側面下の辺から102目を拾い、編み図のとおりにブリムを編む。

外側半目を巻きかがる

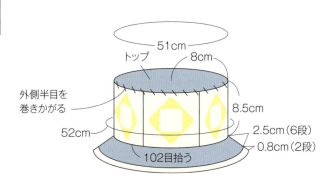

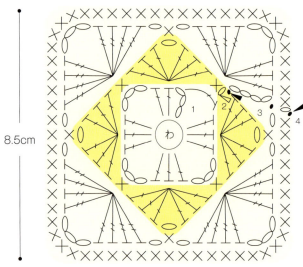

モチーフ (6枚)　8.5cm

△ = 糸をつける
▲ = 糸を切る
○ = くさり編み
● = 引き抜き編み
× = こま編み
† = 長編み
‡ = 長々編み
V = 長編み2目編み入れる
W = 長編み3目編み入れる
W = 長編み4目編み入れる

配色

段数	色
3・4	白
2	レモンイエロー
1	白

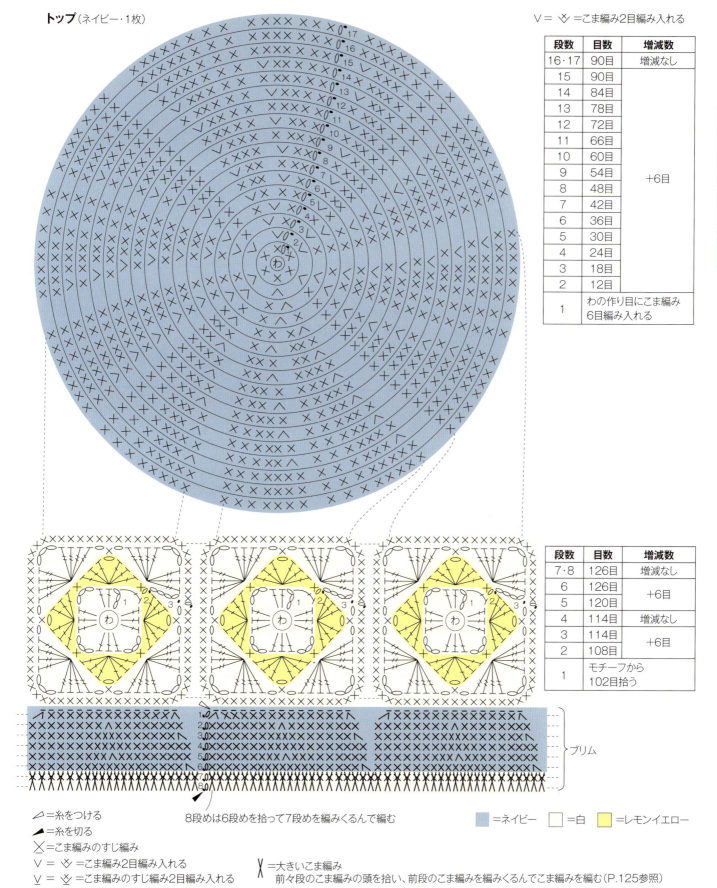

How to make

no.31 ベビーボンネット P.56

[糸] ハマナカ アメリー（40g玉巻）
　　オートミール（40）43g
　　ネイビーブルー（17）8g
[針] かぎ針6/0号

編み方 ＊糸は1本どりで編みます。

① モチーフAを6枚、Bを11枚編む。
② モチーフをつなげる。「モチーフ配置図」を参照し、隣り合うモチーフの外側半目を拾い巻きかがる。続けて合印同士を合わせ、外側半目を拾い巻きかがる。
③ 首周り、顔周りをそれぞれこま編みで縁編みを編む。
④ 紐を編む。スレッドコード（P.89参照）で紐を2本編む。残した糸端をとじ針に通し、指定の位置に縫いつける。

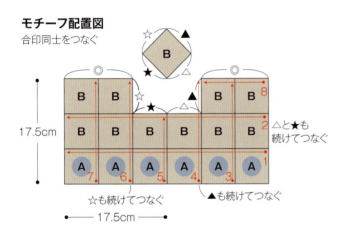

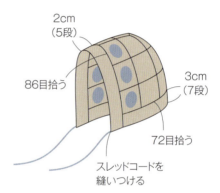

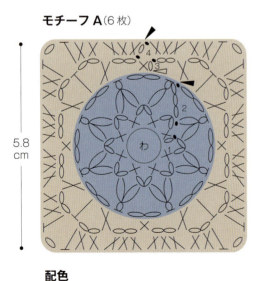

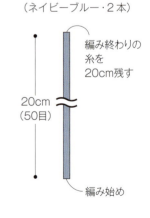

配色

段数	色
3・4	オートミール
1・2	ネイビーブルー

⁄ =糸をつける　　✕ =こま編み
▲ =糸を切る　　T =中長編み
　　　　　　　　　 ⊤ =長編み
○ =くさり編み　　 =中長編み4目の変わり玉編み
● =引き抜き編み

△ = 糸をつける
▲ = 糸を切る

モチーフのつなぎ方・縁編み

〈顔周り〉

〈首周り〉

PART2 モチーフ編みの小物

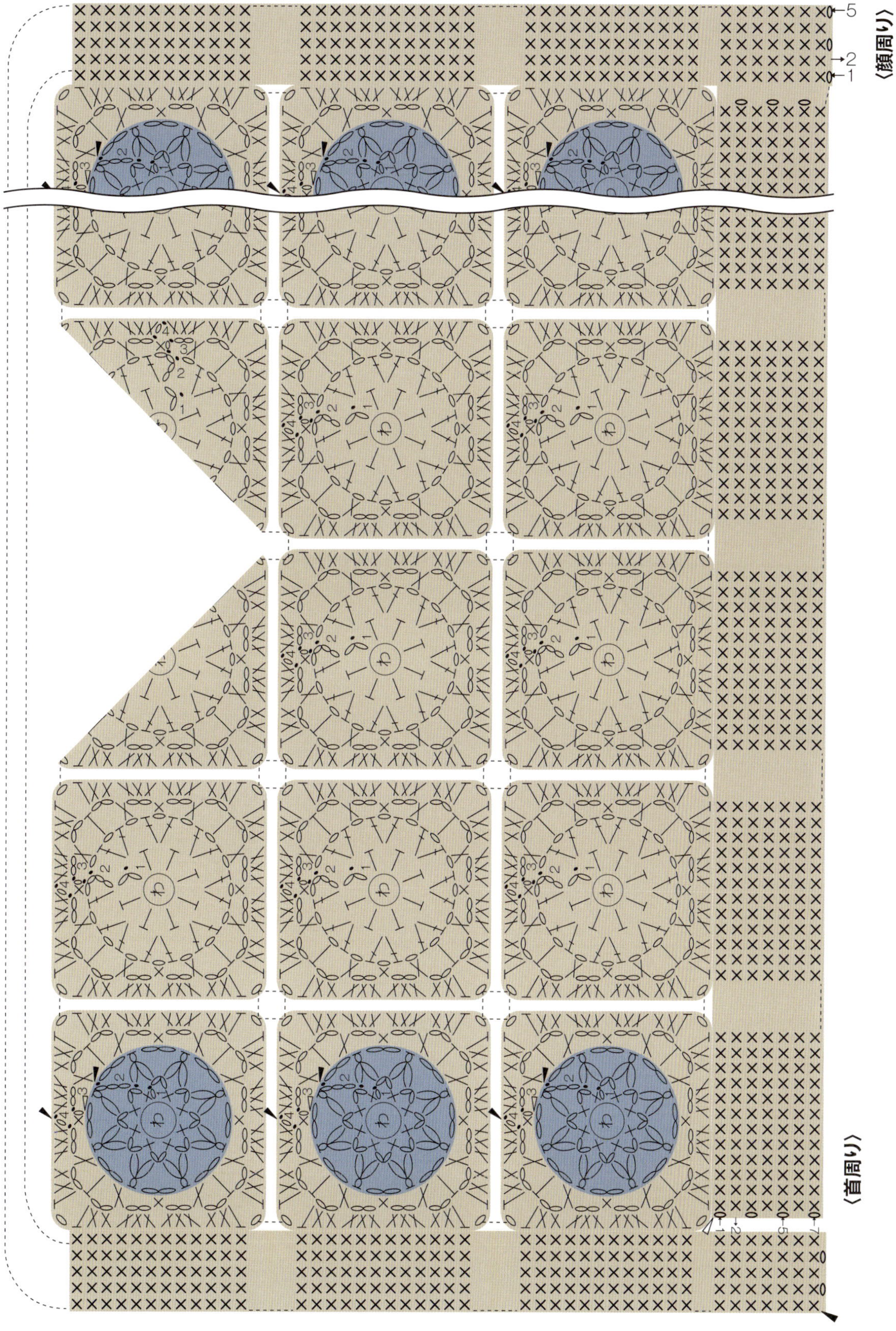

no.32 子どもポンチョ P.56

[糸] ハマナカ アメリーエル《極太》（40g玉巻）
　　えんじ（106）215g
　　金茶（103）50g
　　生成り（101）25g
[針] かぎ針10/0号

編み方 ＊糸は1本どりで編みます。

1. モチーフを6枚編む。
2. モチーフをつなげる。「モチーフ配置図」を参照してモチーフ3枚を配置し、隣り合うモチーフを全目の巻きかがりでつなぐ。同じものをもう1枚作る。
3. 2でつなげた編み地2枚を外表に合わせ、肩の部分を全目の巻きかがりでつなぐ。
4. 縁編みを編む。首周りと裾をそれぞれ編み図のとおりに輪で編む。

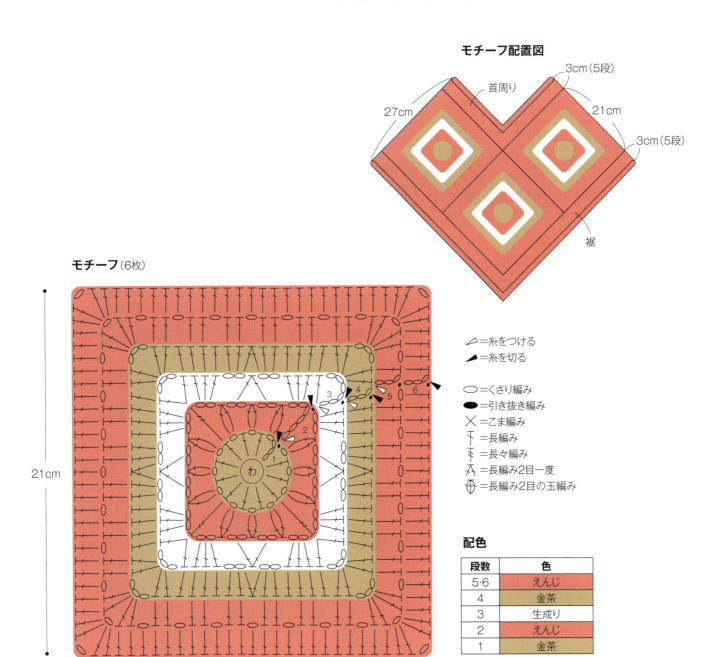

モチーフ配置図

モチーフ（6枚）

／＝糸をつける
▲＝糸を切る
○＝くさり編み
●＝引き抜き編み
×＝こま編み
┬＝長編み
╪＝長々編み
人＝長編み2目一度
⬭＝長編み2目の玉編み

配色

段数	色
5・6	えんじ
4	金茶
3	生成り
2	えんじ
1	金茶

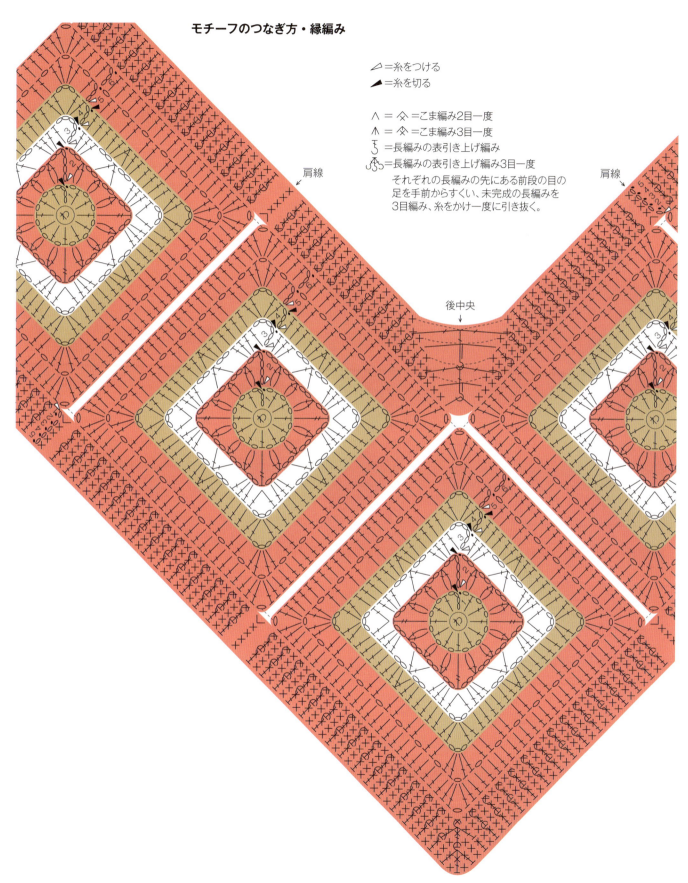

How to make

no. 34 パッチワーク風クッション P.58

[糸]ハマナカ アメリー(40g玉巻)
　　インクブルー(16) 250g
　　ナチュラルホワイト(20) 200g
[針]かぎ針5/0号
[その他]ヌードクッション四角(45cm角)1個

編み方 ＊糸は1本どりで編みます。

① モチーフを編む。A-1、A-2各2枚、B-1、B-2各6枚、C-1、C-2各2枚を編む。Bの奇数段の長編みは、前々段のくさりを束に拾って前段のくさり編みの目を編みくるんで編む。CはBと同じ編み方で21段編む。

② モチーフをつなげる。「できあがりサイズとつなぐ順番」と「モチーフのつなぎ方・縁編み」を参照し、引き抜き編みで番号順にモチーフをつなぐ。同じものをもう1枚作る。

③ 編み地2枚を外表に合わせる。3辺をインクブルーの糸でこま編みの縁編みでつなげたらヌードクッションを入れ、残りも同様につなぐ。

モチーフA

モチーフAの配色

段数	A-1(2枚)	A-2(2枚)
7～9	インクブルー	ナチュラルホワイト
1～6	ナチュラルホワイト	インクブルー

モチーフB

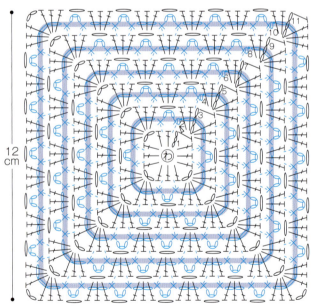

モチーフBの配色

段数	B-1(6枚)	B-2(6枚)
偶数	インクブルー	ナチュラルホワイト
奇数	ナチュラルホワイト	インクブルー

モチーフCの配色　※編み図はP.119

段数	C-1(6枚)	C-2(6枚)
偶数	インクブルー	ナチュラルホワイト
奇数	ナチュラルホワイト	インクブルー

できあがりサイズとつなぐ順番

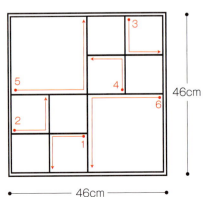

◢ ＝糸をつける
◣ ＝糸を切る
◯ ＝くさり編み
● ＝引き抜き編み
✕ ＝こま編み
⊃ ＝こま編みの裏引き上げ編み
┬ ＝中長編み
┼ ＝長編み
╁ ＝長々編み
∨ ＝長編み2目編み入れる
∀ ＝長編み3目編み入れる
∧ ＝長編み2目一度
⋏ ＝長編み3目一度
∀ ＝長々編み3目編み入れる

モチーフのつなぎ方・縁編み

モチーフを図のように配置し、ナチュラルホワイトの糸で1～6(P.118 できあがりサイズとつなぐ順番参照)の順番に編みつなぐ。
編み地2枚を外表に合わせインクブルーの糸で縁編みでつなぐ。

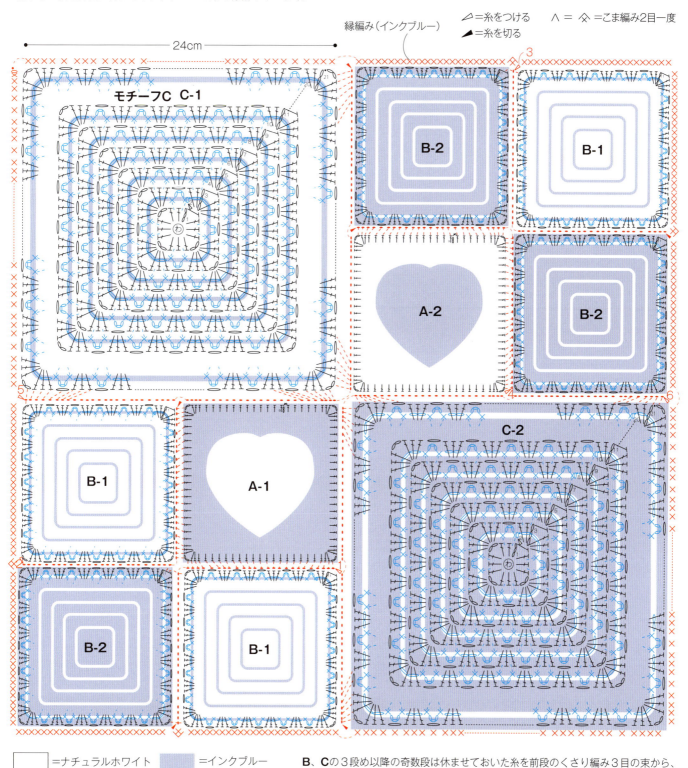

☐ =ナチュラルホワイト　　▨ =インクブルー

B、Cの3段め以降の奇数段は休ませておいた糸を前段のくさり編み3目の束から、4段め以降の偶数段は休ませておいた糸を前段の立ち上がりのくさり編み3目と長編みの足の間から、それぞれ引き出して編む。

How to make

no.35 丸モチーフののれん P.59

[糸] ハマナカ ウオッシュコットン（40g玉巻） 白(1)60g
　　 ハマナカ ウオッシュコットンクロッシェ《ラメ》（25g玉巻）
　　 　白(401)32g
　　 ハマナカ エコアンダリヤ（40g玉巻） 白(1)46g、
　　 　レモンイエロー(11)20g、ミントグリーン(902)15g
[針] かぎ針4/0号、5/0号
[その他] クリスタルボール 穴あきタイプ(20mm)17個、
　　 　縫い糸 少々

編み方 ＊糸は1本どりで編みます。

❶のれん上部を編む。4/0号針でくさり編み20目で作り目をし、編み図のとおり136段めまで編む。
❷モチーフA、Bをそれぞれ指定の枚数編む。
❸モチーフをつなげる。のれん上部を外表に合わせ、5/0号針で各段の1目めと20目め（こま編みの段はこま編みの頭・長編みの段は長編みの足）を拾って輪にしながら、指定の位置でモチーフとクリスタルボールを編みつなぐ。

クリスタルボールのつけ方

1 くさり編みを5目編んだら針を引いて目を大きくし、一旦針を外す。

2 約30cmにカットして輪にした縫い糸をクリスタルボールに通し、1で大きくした目を輪に通す。

3 縫い糸を引き1の目をクリスタルボールに通す。

4 縫い糸を外し、3で通した目にかぎ針を戻す。糸を引いて目を小さくし、続けてくさり編みを5目編む。

モチーフ配置図

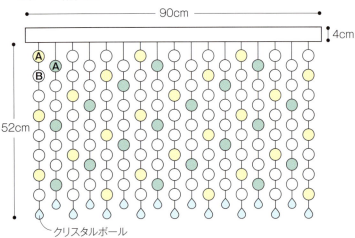

のれん上部
（ウオッシュコットン・かぎ針4/0号・1枚）

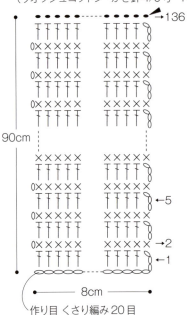

モチーフA
（エコアンダリヤ・かぎ針4/0号）
編み終わり（チェーンつなぎ→P.143）

3.5cm

モチーフAの配色

レモンイエロー	24枚
ミントグリーン	19枚

モチーフB
（エコアンダリヤ白・かぎ針4/0号・85枚）
編み終わり（チェーンつなぎ→P.143）

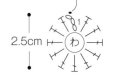

2.5cm

◢ =糸をつける
▬ =糸を切る
○ =くさり編み
● =引き抜き編み
✕ =こま編み
┬ =長編み
V =長編み2目編み入れる

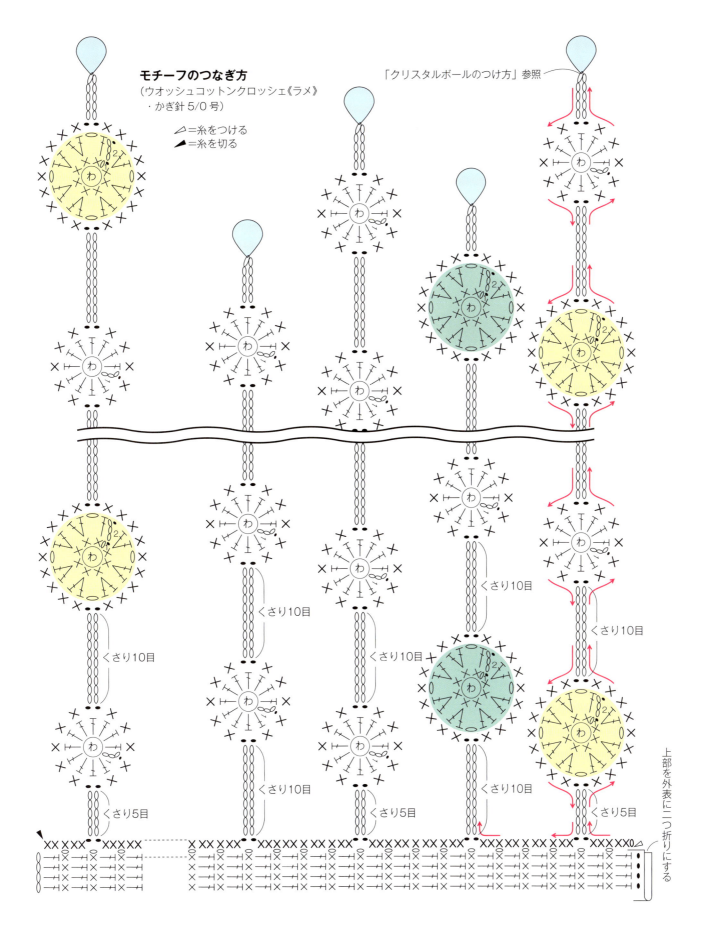

How to make

no.36 丸モチーフのミニマット P.59

[糸]ハマナカ アメリー（40g玉巻）
　　ライラック(42) 23g
　　ピンク(7) 17g
　　クリムゾンレッド(5) 15g
　　ピュアホワイト(51) 7g

[針]かぎ針5/0号

編み方 ＊糸は1本どりで編みます。

① モチーフを1枚編む。
② 2枚め以降は最終段で隣り合うモチーフに編みつなぎながら（P.28参照）、「モチーフ配置図」の番号順に編む。

モチーフ配置図

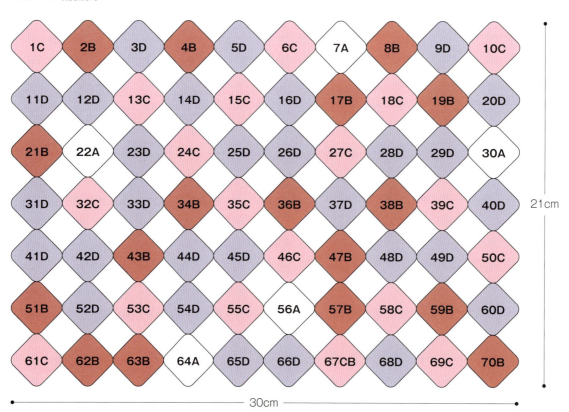

30cm × 21cm

モチーフ

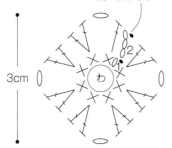

編み終わり（チェーンつなぎ→P.143）
3cm

配色

A (5枚)	ピュアホワイト
B (17枚)	クリムゾンレッド
C (19枚)	ピンク
D (29枚)	ライラック

◯＝くさり編み
●＝引き抜き編み
✕＝こま編み
T＝中長編み
T＝長編み
V＝長編み2目編み入れる

モチーフのつなぎ方

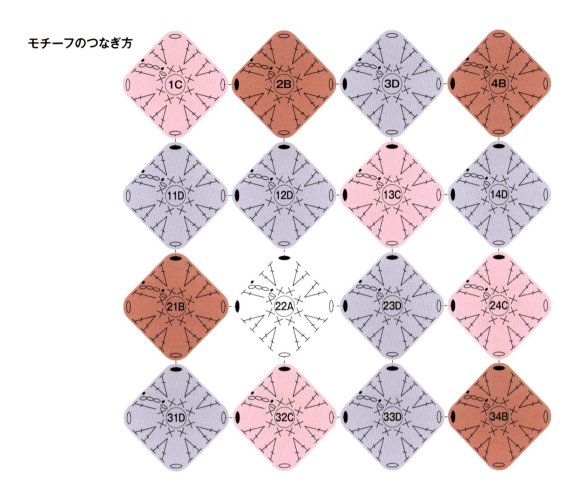

no.39 ビーズのピンクッション　P.61

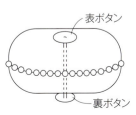

[糸]ハマナカ ウオッシュコットン《クロッシェ》(25g玉巻)
　　白(101)23g
[針]かぎ針5/0号
[その他]ハマナカ ネオクリーンわたわた(H405-401)
　　　　10g、ビーズ(直径約4mm ミックスカラー)54
　　　　個、表ボタン(直径1.5cm クリア)1個、裏ボタ
　　　　ン(1cm 白)1個、縫い針、縫い糸(白)少々

編み方 ＊糸はモチーフは2本どり、
　　　　　縁編みは1本どりで編みます。

❶モチーフを2枚編む。
❷モチーフを合わせる。糸にビーズを54個通す。編み地を外表に合わせ、1目に1個ずつビーズを編み込みながら(P.124「ビーズの編み込み方」参照)、こま編みで2枚をつなぐ。4分の3程度つなげたら手芸綿を入れ、残りも同様につなぐ。
❸ボタンをつける。❷の上面中心に表ボタン、下面中心に裏ボタンを配置し、ピンクッションの中心がへこむように縫い糸で縫いつける。(ビーズが見えている面を上とする)

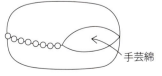

P.124へ続く

How to make

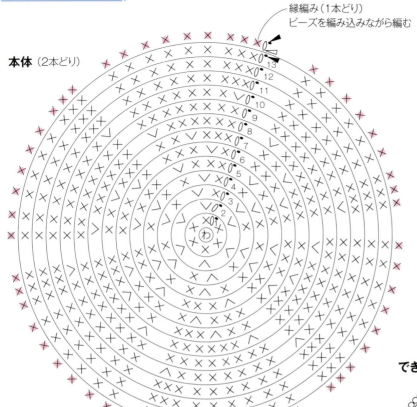

本体（2本どり）

縁編み（1本どり）
ビーズを編み込みながら編む

◢ =糸をつける
◣ =糸を切る

◯ =くさり編み
● =引き抜き編み
✕ =こま編み
∨ = ⩗ =こま編み2目編み入れる

段数	目数	増減数
11〜13	54目	増減なし
10	54目	+6目
9	48目	増減なし
8	48目	+6目
7	42目	
6	36目	
5	30目	
4	24目	
3	18目	
2	12目	
1	わの作り目にこま編み6目編み入れる	

できあがりサイズ

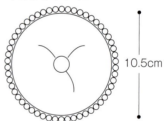

10.5cm

ビーズの編み込み方

ビーズ1目に1個ずつ編み込みます。
※糸の色を変えて編んでいます。

1 糸にビーズを54個通す。

2 1の糸端を編み地につけ、立ち上がりのくさり編みを編む。

3 未完成のこま編みを編む。

4 ビーズを1個、たぐり寄せる。

5 針に糸をかけ、こま編みを編む。

6 ビーズを1個編み込み、こま編みが編めたところ。

7 3〜5をくり返す。（ビーズは裏面に編み込まれる）

no.38 ポットマット P.61

[糸] ハマナカ 洗えるリネン（25g玉巻）
　　ライトブラウン(4) 25g
[針] かぎ針6/0号

編み方 *糸は2本どりで編みます。

❶わの作り目をし、模様編みで11段めまで編む。
❷続けてくさり編み12目を編み、11段めの1目めに引き抜き編みをしてループを作る。

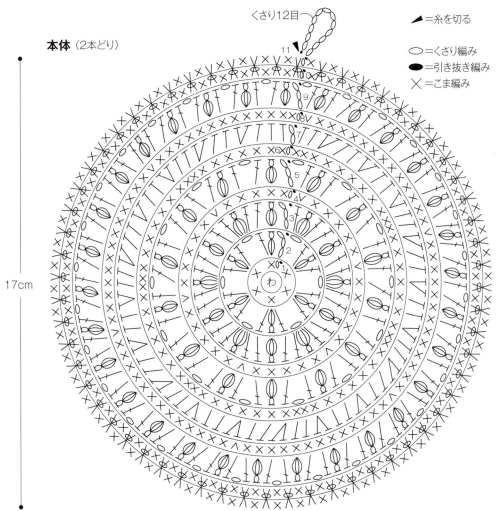

本体（2本どり）
17cm
くさり12目

▶=糸を切る
○=くさり編み
●=引き抜き編み
×=こま編み
┬=中長編み
V=中長編み2目編み入れる
⬭=中長編み3目の変わり玉編み
⬭=中長編み4目の変わり玉編み
┬=長編み
╳=大きいこま編み
　前々段の長編みの頭を拾い、
　前段のくさり編みを編みくるんで
　こま編みを編む
V=⩔=こま編み2目編み入れる

大きいこま編みの編み方　※糸の色を変えて編んでいます。

1 前々段の拾う目に針を入れる。

2 糸をかけ矢印の方向に引き出す。

3 糸をかけ、矢印の方向に引き抜く。

4 大きいこま編みが編めたところ（前段の目が編みくるまれている）。

How to make

no.37 ひざかけ P.60

[糸] ハマナカ カミーナ ストレート（40g玉巻）
　　フォレストグリーン（4）81g
　　ブラッドオレンジ（3）77g
　　イエローオーカー（2）56g
　　オフホワイト（1）35g
　　グレイッシュピンク（6）19g
[針] かぎ針5/0号、6/0号

編み方 ＊糸は1本どりで編みます。

1. 5/0号針でモチーフA、B、Cを指定の枚数編む。
2. 「モチーフ配置図」を参照し、隣り合うモチーフそれぞれの外側半目を拾い、フォレストグリーンの糸で巻きかがりでつなぐ（P.22〜23参照）。
3. 6/0号針で縁編みをする。モチーフから目を拾い、縁編みを3段編む。

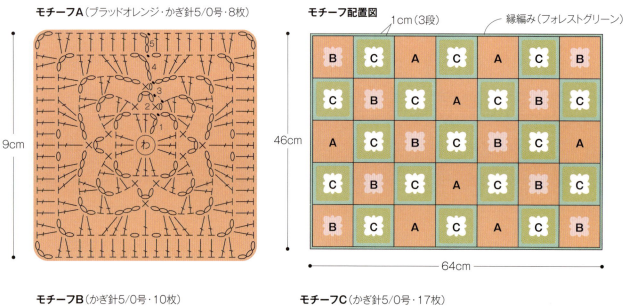

モチーフA（ブラッドオレンジ・かぎ針5/0号・8枚）
モチーフ配置図　1cm（3段）　縁編み（フォレストグリーン）
9cm　46cm　64cm

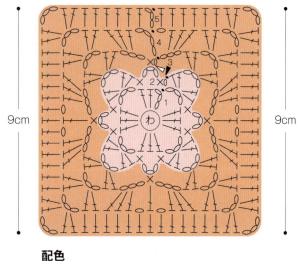

モチーフB（かぎ針5/0号・10枚）　9cm

配色

段数	色
3〜5	ブラッドオレンジ
1・2	グレイッシュピンク

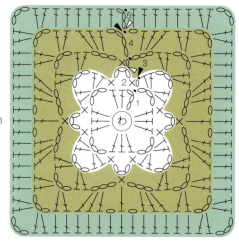

モチーフC（かぎ針5/0号・17枚）　9cm

△＝糸をつける
▲＝糸を切る
○＝くさり編み
●＝引き抜き編み
×＝こま編み
T＝中長編み
￤＝長編み
V＝長編み2目編み入れる
W＝長編み3目編み入れる

配色

段数	色
5	フォレストグリーン
3・4	イエローオーカー
1・2	オフホワイト

縁編み
（フォレストグリーン・かぎ針6/0号）
モチーフの外側半目を拾って巻きかがり、周囲に縁編みを編む

⌒=糸をつける　×=こま編みのすじ編み
◂=糸を切る

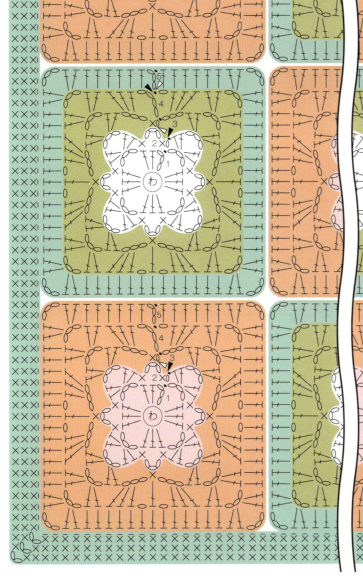

縁編みの編み方

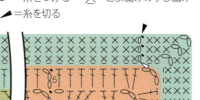

1 長辺の右上角から編む。

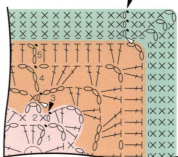

2 編み地の後ろに糸をつけ、モチーフ角のくさり編み3目の左の長編みの頭、奥半目に針を入れる。（すじ編み）

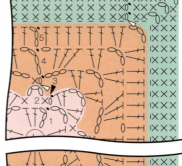

3 針に糸をかけ、引き出す。

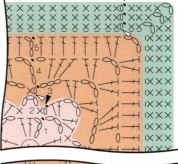

4 立ち上がりのくさり1目を編む。

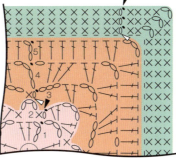

5 2と同じ目に針を入れ、糸を引き出す。

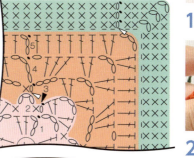

6 こま編みを編む。続けて編み図のとおりに縁編みを編む。

How to make

no. 40 フラワークッション P.62

[糸] ハマナカ カミーナ ストレート（40g玉巻）
　　　イエローオーカー（2）240g
　　　ハマナカ カミーナ タム（40g玉巻）
　　　イエローオーカー（202）65g
　　　ハマナカ カミーナ ループ（40g玉巻）
　　　イエローオーカー（102）65g
[針] かぎ針6/0号
[その他] ヌードクッション丸（直径45cm）1個

編み方 ＊糸は1本どりで編みます。

❶表面の立体モチーフを編む。カミーナ ストレートで20段めまで編んだら、21段めから指定の糸ですじ編みのすじに編みつけながら40段めまで編む。
❷裏面のモチーフを編む。カミーナ ストレートで20段めまで編む。
❸組み立てる。モチーフ2枚を外表に合わせ、周りをカミーナ タムでこま編みで編みつなぐ。半分程度つなげたらヌードクッションを入れ、残りも同様につなぐ。続けて縁編みを編む。

立体モチーフの編み方　※糸の色を変えて編んでいます。

できあがりサイズ

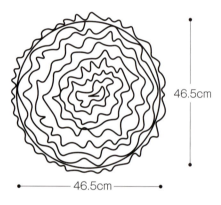
46.5cm × 46.5cm

1 立ち上がりのくさり編み3目を編む。（土台最終段の立ち上がりのくさり編み3目）

2 針に糸をかけ、土台のくさり編み3目の立ち上がりを束に拾い、さらに糸をかける。

3 長編みを1目編み、糸をかける。

4 2、3同様、土台のくさり編み3目の立ち上がりを束に拾って長編みをもう1目編む。

5 針に糸をかける。（最終段の前段に出来たすじ編みのすじ）

6 土台最終段の前段にできたすじ編みのすじを拾う。

7 長編みを1目編む。

8 7と同じすじに長編みをもう1目編む。矢印のようにすじを拾いながら編む。

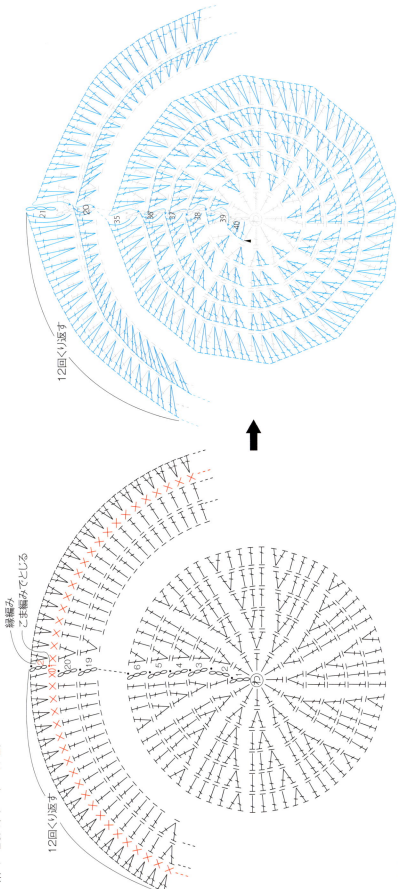

立体モチーフの編み方・縁編み (裏面20段めまで1枚、40段めまで1枚)

わの作り目から長編みのすじ編みで毎段+12目で20段まで編む。
糸：1〜20ストレート 1、2タム

糸変え表

糸：ス＝ストレート　タ＝タタム　ル＝ルーループ

段	目数	糸		
21	456	ス304目	ス152目	
22	432	タ108目	ル216目	タ108目
23	408	ス204目	ル204目	
24	384	ル384目		
25	360	タ120目	タ180目	ス60目
26	336	ス84目	タ168目	ル84目
27	312	ル130目	ル156目	ル26目
28	288	タ288目		
29	264	ル22目	ス66目	タ176目
30	240	タ240目		
31	216	タ162目	ス54目	
32	192	ス16目	ル144目	ス32目
33	168	ス28目	ル140目	
34	144	ル144目		
35	120	ス10目	ス110目	
36	96	ス16目	ル80目	
37	72	ル30目	タ42目	
38	48	タ48目		
39	24	タ24目		
40	3	タ3目		

How to make

no. 41 フラワーポーチ P.63

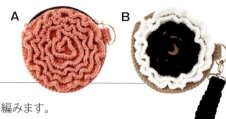

[糸] ハマナカ アメリー（40g玉巻）
　A：コーラルピンク(27) 90g
　B：キャメル(8) 40g、ピュアホワイト(51) 30g、
　　　ピュアブラック(52) 20g
　ストラップ：ピュアブラック(52) 10g
[針] かぎ針6/0号
[その他] ファスナー（15cm、A：黒、B：ベージュ）各1本、
　Dカン（3cm ゴールド）各1個、ナスカン（Bのみ、
　3cm ゴールド）各1個、縫い針、縫い糸（A：黒、
　B：ベージュ）少々

編み方　＊糸は2本どりで編みます。

① 立体モチーフを編む。6段めまで編んだら、7段めからはすじ編みのすじに編みつけながら12段めまで編む（P.128参照）。A、Bそれぞれ2枚ずつ編む。

② モチーフ2枚を外表に合わせ、「組み立て方」を参照し、それぞれ6段めの頭、外側半目を拾い、こま編み47目でつなぐ。続けてDカン取りつけパーツを編む。

③ ファスナーをつける。「組み立て方」を参照し、縫い糸で入れ口にファスナーを縫いつける。

④ Dカン取りつけパーツにDカンを通し、残した糸をとじ針に通し、本体に巻きかがる。

⑤ Bはストラップを作る。くさり編み4目で作り目をし、38段めまで編む。「ストラップの作り方」を参照し、ナスカンをつける。

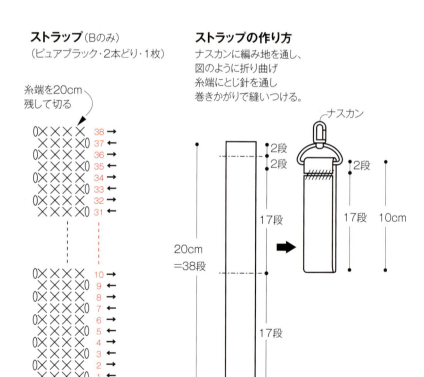

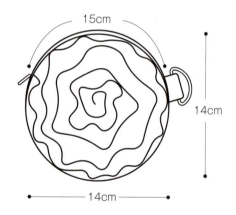

できあがりサイズ

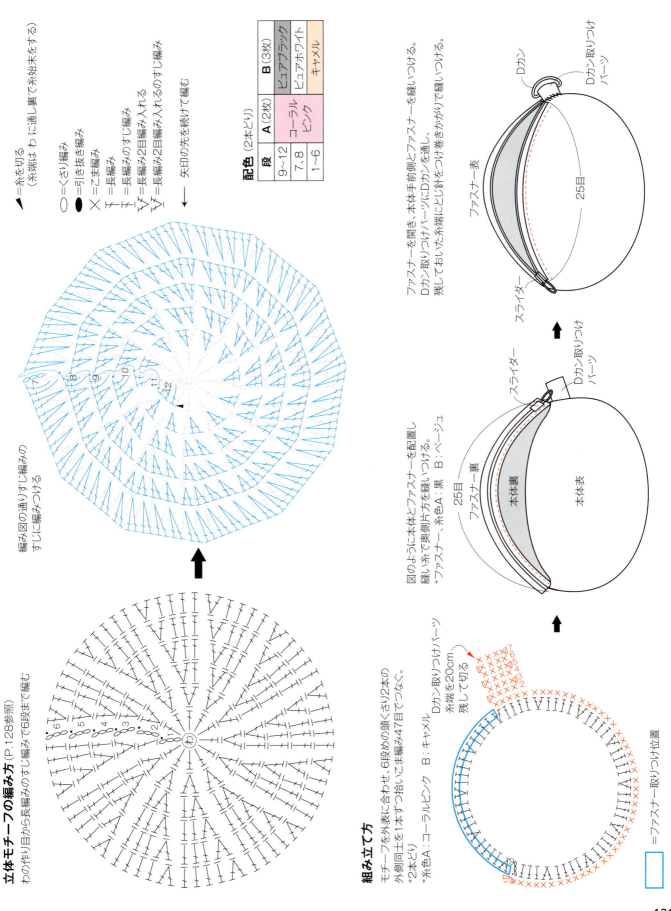

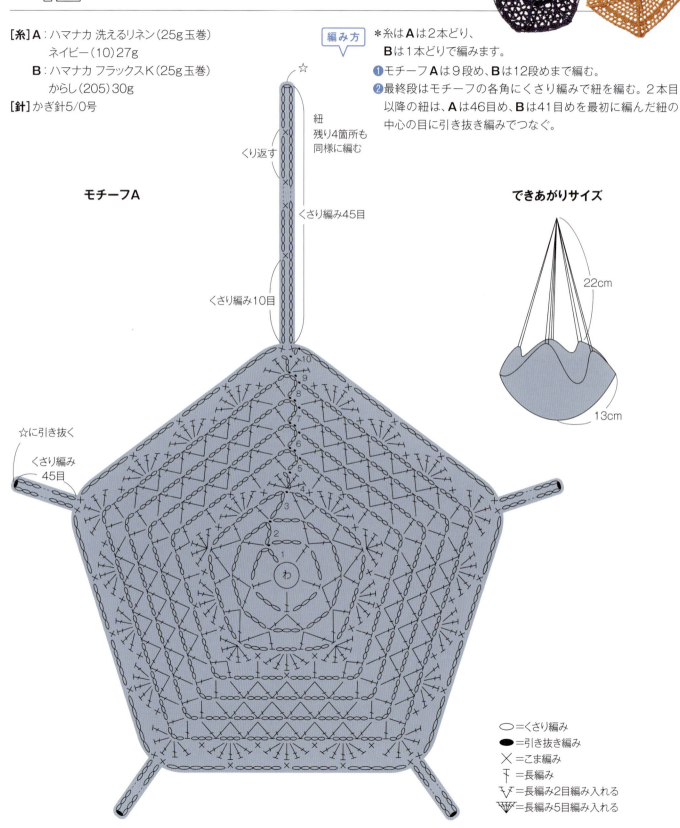

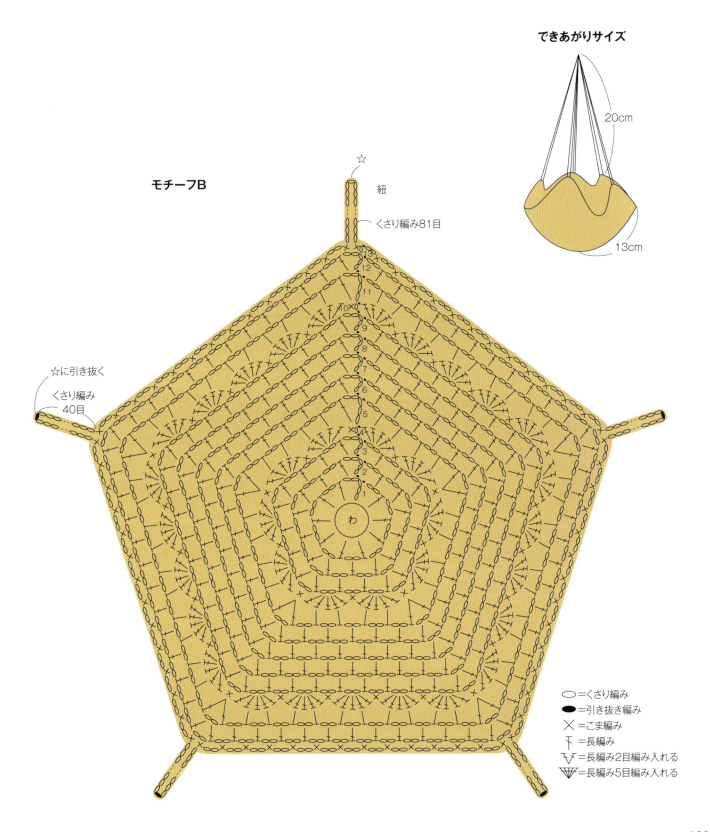

How to make

no.43 お花の座布団　P.65

[糸] ハマナカ アメリー(40g玉巻)
　　チャコールグレー(30)150g
　　ライラック(42)15g
　　クリムゾンレッド(5)6g
　　ピンク(7)6g
　　ピュアホワイト(51)3g
[針] かぎ針7.5/0号、5/0号

編み方
＊糸はモチーフと縁は7.5/0号針で2本どり、花は5/0号針で1本どりで編みます。

1. モチーフを1枚編む。くさり編みを3目編み、1目めに引き抜き編みをして輪にする。輪に長編みを12目編み入れ、模様編みで4段めまで編む。
2. 2枚め以降は「モチーフのつなぎ方・縁編み」を参照し、最終段で隣り合うモチーフに編みつなぎながら番号順に編む。同じものをもう1枚編む。
3. 花びらを編む。②の編み地1枚の表面、それぞれのモチーフ1段めに指定の糸で花びらを編みつける。
4. 花びらを編みつけた編み地を手前にし、編み地2枚を外表に合わせる。「モチーフのつなぎ方・縁編み」を参照して2枚をつなぐ。

╱＝糸をつける
╲＝糸を切る

○＝くさり編み
●＝引き抜き編み
✕＝こま編み
𝑇＝中長編み
𝐹＝長編み
𝑉＝長編み2目編み入れる
⋃＝こま編みの表引き上げ編み
⋎＝長編みの表引き上げ編み2目編み入れる
　　前段の目の足を手前からすくい、
　　同じ目に長編みを2目編み入れる

モチーフ(14枚)
(チャコールグレー・2本どり・かぎ針7.5/0号)

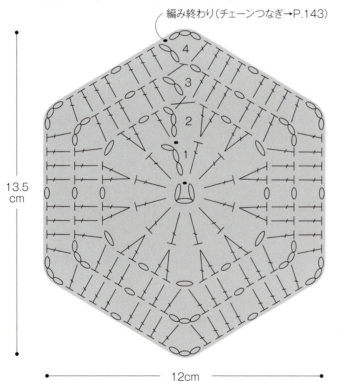

編み終わり(チェーンつなぎ→P.143)
13.5cm
12cm

花びら (1本どり・かぎ針5/0号)

表側のみモチーフの1段めに編みつける

配色

A(1枚)	ピュアホワイト
B(2枚)	クリムゾンレッド
C(2枚)	ピンク
D(2枚)	ライラック

モチーフ配置図

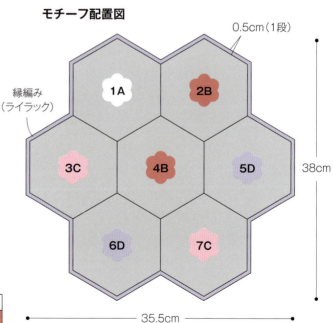

0.5cm(1段)
縁編み(ライラック)
38cm
35.5cm

モチーフのつなぎ方・縁編み （ライラック・2本どり・かぎ針7.5/0号）

◢ =糸をつける
∧ = ∧ =こま編み2目一度

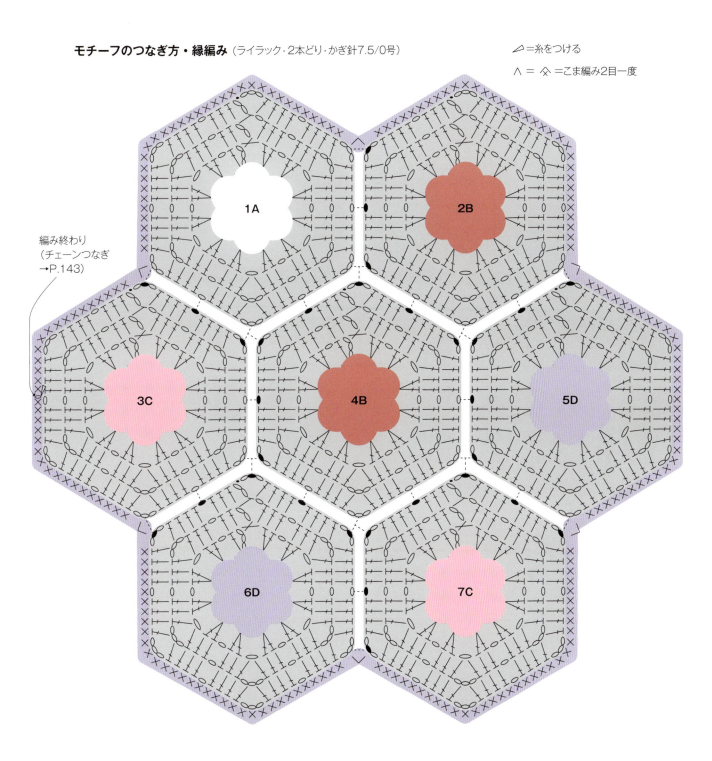

How to make

no.45 ティッシュカバー P.66

[糸] ハマナカ エコアンダリヤ（40g玉巻）
　　ベージュ（23）80g
　　オフホワイト（168）30g
[針] かぎ針5/0号
[その他] ワックスコード（直径約2.5mm ベージュ）60cm

編み方 ＊糸は1本どりで編みます。

1. モチーフを12枚編む。
2. モチーフをつなげる。「モチーフのつなぎ方」のとおりに6枚ずつをオフホワイトの糸で全目の巻きかがりでつなぐ。
3. 本体表を手前にして、編み地2枚を外表に合わせ、3辺を編みつなぐ。
4. 入れ口に一周縁編みを編む。ワックスコードを指定の位置に通し、端をひと結びする。

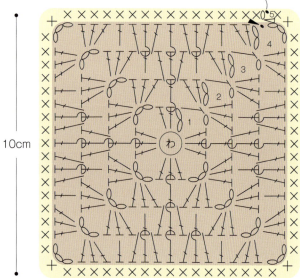

モチーフ（12枚）

= 糸をつける
= 糸を切る
○ = くさり編み
● = 引き抜き編み
× = こま編み
T = 長編み
V = 長編み2目編み入れる
W = 長編み3目編み入れる
⌇ = 長編みの表引き上げ編み

※1～3段めの最後の中長編みは、2目めの長編みに編む

配色

段数	色
5	オフホワイト
1～4	ベージュ

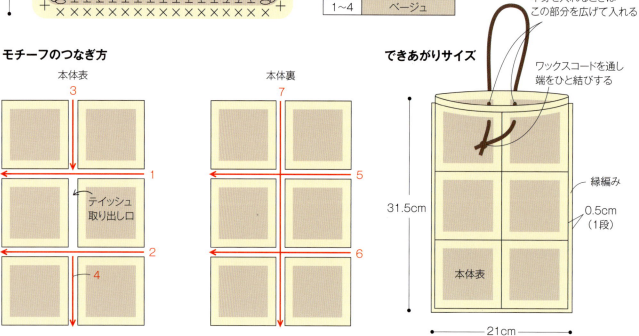

モチーフのつなぎ方

番号順に最終段の全目を巻きかがる（オフホワイト）

できあがりサイズ

中身を入れるときはこの部分を広げて入れる
ワックスコードを通し端をひと結びする
縁編み 0.5cm（1段）
31.5cm
21cm
本体表

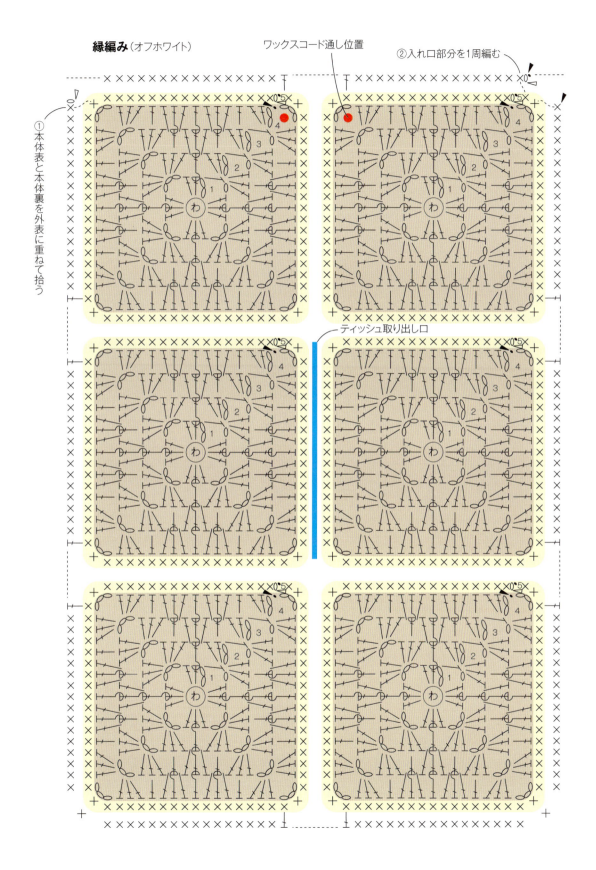

How to make

no. 44 マンダラ風座布団　P.65

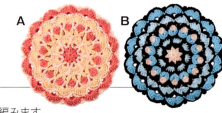

[糸]ハマナカ ジャンボニー(50g玉巻)
　A：薄ピンク(9)135g、濃ピンク(8)135g、オレンジベージュ(22)130g
　B：黒(20)135g、スカイブルー(15)125g、水色(14)90g、薄ピンク(9)65g
[針]かぎ針8mm

編み方 ＊糸は1本どりで編みます。

❶モチーフを10段めまで2枚編む。4段めの長編みは2段めの中長編みの足と足の間を拾い、7段めの長編みは5段めのくさり編みを束に拾って編む。
❷モチーフ2枚を外表に合わせ、11段めで編みつなぐ。

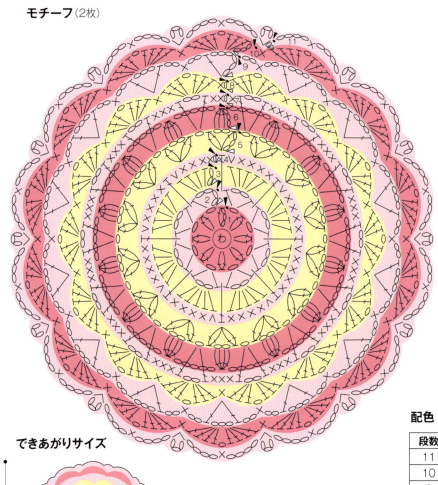

モチーフ(2枚)

できあがりサイズ　47cm

／＝糸をつける
＼＝糸を切る
◯＝くさり編み
●＝引き抜き編み
×＝こま編み
∨＝こま編み2目編み入れる
┬＝中長編み
╤＝長編み
＝中長編み4目編み入れる
＝中長編み5目編み入れる
＝長編み3目編み入れる
＝長編み4目編み入れる
＝長編み2目の玉編み
＝長編み3目の玉編み
＝長編み4目の玉編み
＝こま編み、くさり編み3目、こま編み、の順に編む

配色

段数	A(2枚)	B(2枚)
11	薄ピンク	黒
10	濃ピンク	スカイブルー
9	薄ピンク	黒
8	オレンジベージュ	水色
7	薄ピンク	黒
6	濃ピンク	薄ピンク
5	オレンジベージュ	スカイブルー
4	薄ピンク	黒
3	オレンジベージュ	水色
2	薄ピンク	黒
1	濃ピンク	薄ピンク

カラフル三角ショール P.67

[糸] リッチモア パーセント（40g玉巻）約420g
　　※色はお好みで
[針] かぎ針5/0号

編み方　*糸は1本どりで編みます。

❶モチーフを1枚編む。
❷2枚め以降は「モチーフのつなぎ方」を参照し、最終段で隣り合うモチーフに編みつなぎながら（P.28参照）、「編む順番」の番号順に編む。

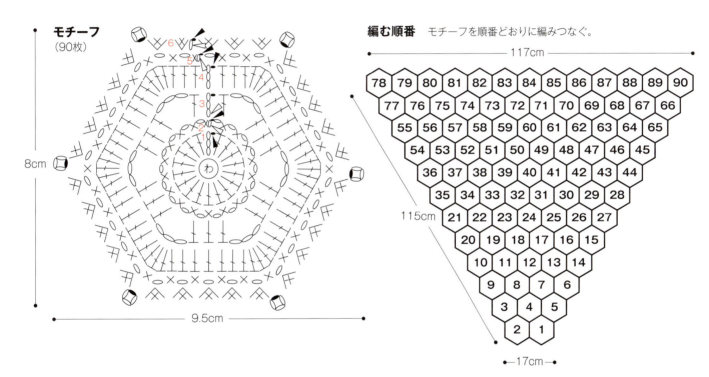

モチーフのつなぎ方（P.28参照）
引き抜き編みで番号順に編みつなぐ。

編み目記号表

くさり編み
かぎ針に糸を巻きつけ、糸をかけ引き抜く。

 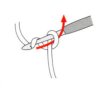 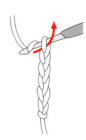

引き抜き編み
目に針を入れ、糸をかけ引き抜く。

 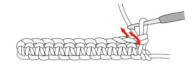  

こま編み

   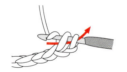 

目に針を入れる。　　糸をかけて引き出す。　　糸をかけて2ループを引き抜く。

こま編みのすじ編み
前段の目の奥半目に針を入れ、こま編みを編む。

中長編みのすじ編み
前段の目の奥半目に針を入れ、中長編みを編む。

 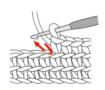  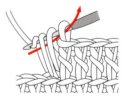

こま編み2目編み入れる
同じ目にこま編み2目を編み入れる。

こま編み3目編み入れる
同じ目に細編みを3目編み入れる。

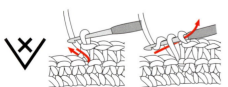   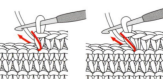

こま編み2目一度
1目めに針を入れ糸をかけて引き出す。これを未完成のこま編みという。
次の目に針を入れ糸をかけて引き出し、3ループを一度に引き抜く。

 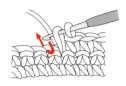 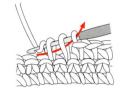 

バックこま編み
編み地の向きはそのままで、左から右へこま編みを編み進める。

  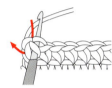 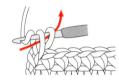  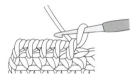

こま編みの表引き上げ編み
前段の目の足をすくい、こま編みを編む。

こま編みの裏引き上げ編み
前段の目の裏側から針を入れ、こま編みを編む。

中長編み

   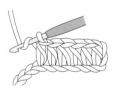

針に糸をかけ、目に針を入れる。　糸をかけて引き出す。　糸をかけて3ループを一度に引き抜く。

長編み

 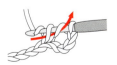 

針に糸をかけ、目に針を入れて糸をかけて引き出す。　糸をかけて引き抜く。　糸をかけて引き抜く。

長編みのすじ編み
前段の目の頭のくさり2本の奥側半目に針を入れ、長編みを編む。

  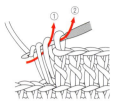

長々編み
かぎ針に2回糸をかけ1本引き出し、さらに1回糸をかけ2ループ引き抜くを3回繰り返す。

  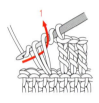 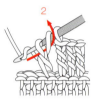

長編みの表引き上げ編み
前段の目の足を手前からすくい、長編みを編む。

長編みの裏引き上げ編み
前段の目の裏側から針を入れ、長編みを編む。

長編み2目編み入れる
同じ目に長編み2目を編み入れる。

長編み3目編み入れる
同じ目に長編み3目を編み入れる。

 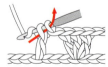 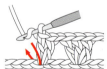 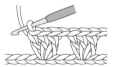

長編み2目一度
矢印の位置に未完成の長編みを2目編み、糸をかけ一度に引き抜く。

 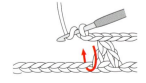  

編み目記号表

中長編み3目の玉編み
同じ目に未完成の中長編み3目を編み入れ糸をかけ一度に引き抜く。

 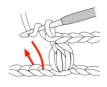  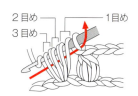 

中長編み3目の変わり玉編み
中長編み3目の玉編み同様、未完成の中長編みを同じ目に3目編み入れる。糸をかけ矢印のように引き抜き、さらに糸をかけ残りを引き抜く。

 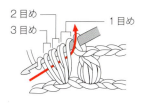  

中長編み4目の変わり玉編み
未完成の中長編みを同じ目に4目編み入れ、糸をかけ8ループを引き抜き、さらに糸をかけ残りを引き抜く。

長編み3目の玉編み
同じ目に未完成の長編み3目を編み、糸をかけ4ループを一度に引き抜く。

長編み2目の玉編み
同じ目に未完成の長編み2目を編み、3ループを一度に引き抜く。

長編み4目のパプコーン編み
同じ目に長編みを4目編み入れ、一度かぎ針をはずす。※矢印のように針を入れ直し、引き抜く。くさり編みを1目編む。

  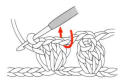 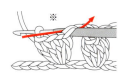  

チェーンつなぎ
編み終わりの目の糸を引き出し、とじ針で編み始めの目に通す。最後の目の頭に手前から針を入れて奥に出し、裏面で糸始末をする。

くさり3目の引き抜きピコット編み
くさり3目を編み矢印のようにかぎ針を入れ、一気に引き抜く。

 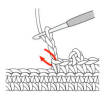  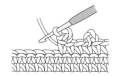

編集	武智美恵	作品製作	andeBoo
プロセス指導	LiLi nana*		小鳥山いん子
	小鳥山いん子		さかい はな
デザイン	伊藤智代美		髙際有希
撮影	サカモトタカシ		武智美恵
ヘアメイク	福留絵里		blanco
モデル	柴田 杏(SHREW)		ミドリノクマ
編集協力	武内マリ		Rikoリボン
トレース	ミドリノクマ		LiLi nana*
校正	ミドリノクマ		Miya
	小鳥山いん子		

素材協力　ハマナカ株式会社
京都市右京区花園薮ノ下町2番地の3
TEL 075-463-5151（代）
ハマナカコーポレートサイト
hamanaka.co.jp
メールアドレス　info@hamanaka.co.jp

◎材料の表記は2024年8月現在のものです。
◎印刷物のため、作品の色は実物と多少異なる場合があります。ご了承ください。
◎本書に掲載されている作品・図版を商用利用（販売・展示など）することは禁じられています。

動画と写真で基本がわかる かぎ針編みのモチーフ小物

編　者	西東社編集部［せいとうしゃへんしゅうぶ］
発行者	若松和紀
発行所	株式会社 西東社
	〒113-0034　東京都文京区湯島2-3-13
	https://www.seitosha.co.jp/
	電話　03-5800-3120（代）

※本書に記載のない内容のご質問や著者等の連絡先につきましては、お答えできかねます。

落丁・乱丁本は、小社「営業」宛にご送付ください。送料小社負担にてお取り替えいたします。
本書の内容の一部あるいは全部を無断で複製（コピー・データファイル化すること）、転載（ウェブサイト・ブログ等の電子メディアも含む）することは、法律で認められた場合を除き、著作者及び出版社の権利を侵害することになります。代行業者等の第三者に依頼して本書を電子データ化することも認められておりません。

ISBN 978-4-7916-3308-1